Klaus Raschen
Der Mensch im Alter

W0245049

Klaus Raschen

Der Mensch im Alter

Urachhaus

CIP-Titelaufnahme der Deutschen Bibliothek

Raschen, Klaus:

Der Mensch im Alter / Klaus Raschen. – Stuttgart : Urachhaus, 1989
ISBN 3-87838-615-X

ISBN 3 87838 615 X

© 1989 Verlag Urachhaus Johannes M. Mayer GmbH, Stuttgart
Alle Rechte, auch die des auszugsweisen Nachdrucks und der
photomechanischen Wiedergabe, vorbehalten.
Umschlaggestaltung Bruno Schachtner, Dachau
Zeichnungen Hans-Hermann Kropf, Königsbronn
Satz und Druck der Offizin Chr. Scheufele, Stuttgart

Inhalt

Vorwort 9

Einleitung 11

Der alternde Mensch und die Gemeinschaft 15

Volkspädagogik und Kultur im Hinblick auf den
alten Menschen 19

Reisen im Alter 25

Der Entschluß zur Übersiedlung in ein Altenheim 34

Umgang mit Besitz und Vermögen im Alter 45

Verhältnis von Leben und Bewußtsein 47

Geburt und Tod 49

Gabriel und Michael, die Erzengel 57

Entwicklung der Wesensglieder des Menschen
bis ins Alter 61

Schlaf 68

Schmerz 74

Doppelgänger und Altersverwirrtheit 79

Angst vor dem Sterben oder das Verhältnis der Seele
zum Tod in der Welt 96

Folgen der Angst oder die Ergebenheit in das Sterben 103

Von der Mühsal des Sterbens 112

Nach dem Tod 118

Feier der Bestattung 125

Literaturhinweise 130

Im Hafen lieg ich, den wir all' erreichen;
Gebrechlich war die Barke, die mich trug;
Sturmvoll die Fahrt. Doch nun gilt es,
Im Buch des Lebens seine Rechnung auszugleichen.

Einst war die Kunst mein Glück. Berauschend tränkte
Ihr Nektar mich, der so verlockend schäumte.
Idol und Göttin war sie, und ich träumte,
bis ich erwachend sah, was sie mir schenkte.

Zwiefach wälzt sich Vernichtung auf mich zu:
Der Tod, der jetzt mich fortnimmt ohn' Erbarmen,
Und nach ihm jener ew'ge Tod voll Schrecken!

Marmor und Farben geben keine Ruh',
Nur eins gibt Trost: Zu schau'n nach jenen Armen,
Die sich vom Kreuze uns entgegenstrecken.

(Michelangelo, das letzte Sonett)

Vorwort

Dieses Buch ist im Grunde eine Gemeinschaftsarbeit. Zwar ist es von mir niedergeschrieben worden, aber es verdankt seine Entstehung der Begegnung mit Mitarbeitern, Vorstandskollegen und Freunden.

Anlässe der gemeinsamen Arbeit waren die Planung, der Bau, die geistige und praktische Vorbereitung und schließlich die Betreuung in dem Alten- und Pflegeheim »Tobias-Haus« in Ahrensburg in Holstein, die Begründung der Altenpflegeschule Ahrensburg, die regelmäßige Mitarbeit im DRK-Krankenhaus Hamburg und die Betreuung im Altenwohnheim »Mika Rothfos-Stiftung«. Menschliche Begegnungen sind es, die zu tiefer Dankbarkeit Anlaß geben. Sie fanden in Mitarbeiterstunden, bei Konferenzen, anläßlich von Heimleitungsgesprächen und bei Besuchen von Kranken und alten Menschen statt. Besondere Anregungen, die Erfahrungen und Ideen zu formulieren, empfing ich durch die mit Johannes Lenz und Dr. Volker Fintelmann gemeinsam veranstalteten Tagungen für Altenpfleger und -pflegerinnen. Bedeutsam waren mir insbes. auch die Gespräche mit den Künstlern Jürgen Karsten und Walther Roggenkamp über alten- und krankengemäßes Bauen und die praktische Durchführung des gemeinsam Erarbeiteten, wichtig die Vorbereitungen und Durchführungen der Lehrgänge an der Altenpflegeschule in der Begegnung mit Annegret Camps und Ada van der Star. Stellvertretend für alle anderen möchte ich die Namen derjenigen nennen, die mir größte praktische Hilfe zukommen ließen: Wilhelm Schiemann, Ingrid Bahr und Christoph von Schnitzler.

Ein Gedenken sei den vielen Menschen gewidmet, die vor uns über die Schwelle des Todes gegangen sind, unter ihnen insbes. den Mitarbeitern Helmut Schmersahl und Jürgen Peters.

9

Seit der Niederschrift dieses Buches sind drei Jahre vergangen. Inzwischen sind drei wesentliche Bücher von Gisela Gaumnitz, Michael Brater und Günter Kaul und von Volker Fintelmann erschienen. Ich möchte sie sehr empfehlen und hoffen, daß sich diese Veröffentlichungen ergänzen.

Kapstadt im Juni 1989   *Klaus Raschen*

Einleitung

Das kleine Kind, der Kranke und der alternde Mensch stellen uns heute vor große Aufgaben; Aufgaben, deren Umfang nicht groß genug gesehen werden kann, leben doch alle drei aufgrund der intensiven Inanspruchnahme der berufstätigen Generation in einer Art Randdasein. Die Hochtouren, auf denen unser Wirtschaftsleben läuft, die Ausrichtung auf Technik und Medien lassen dem Bewußtsein nur wenig Zeit, sich auf diese drei großen Gruppen unserer Menschheit einzurichten. Aber wir verdanken ihnen alles. Die Jüngeren werden einst unser Lebenswerk fortsetzen müssen, die Kranken ermahnen uns ständig an eine gesunde Lebensweise, und die Alten haben uns die Plattform geschaffen, auf der wir leben und arbeiten. Dankbarkeit sollte deswegen unsere Haltung ihnen gegenüber bestimmen, und aus Dankbarkeit sollen die Gedanken niedergeschrieben sein, die sich der Verfasser im Umgang mit Kindern, Kranken und alten Menschen gebildet hat. Es ist mit der Bedeutung dieser Lebensbereiche nur dann zurechtzukommen, wenn wir die Kinder nicht unter dem Gesichtspunkt betrachten:»Was könnt ihr leisten?« und die kranken und alten Menschen nicht mit der Empfindung anschauen:»Ihr habt nun ausgedient! Wir müssen euch notgedrungen tragen.«

Kinder bringen immer neue Antriebe zur Gestaltung unseres Lebens aus einer anderen Welt mit. Wenn wir den Kindern nicht helfen, ihre ureigenen Impulse zu verwirklichen, so sind sie enttäuscht und reagieren entweder mit Resignation und Krankheit oder mit Kritik und Zorn. Wenn wir Kinder nur nach ihrer Leistungsfähigkeit befragen und diese anspornen, dann bleiben Moralität, Liebe und Einfühlungsvermögen – diese kostbaren Kräfte der Menschlichkeit – in ihnen unentwickelt oder werden zurückgedrängt.

Die Kranken stellen uns vor die Frage:»Wozu benutzen wir unsere Gesundheit und Arbeitskraft, wenn sie doch offensichtlich nichts Selbstverständliches und auf die Dauer Garantiertes sind?« Am alternden Menschen können die Jüngeren erkennen und vor allem erleben, daß alles Leben mit dem Tod endet. Von den Jüngeren muß das Alter in seiner Bedeutung für die ganze Menschheit richtig gesehen werden. Dazu brauchen wiederum die alten Menschen den für die Entfaltung ihrer besonderen Fähigkeiten entsprechenden äußeren und inneren Lebensraum. Treten diese Bedingungen für das Leben im Alter ein, so breitet sich im sozialen Leben der Gedanke aus:»Memento mori«. –»Bedenke, daß du sterben mußt. Bedenke, daß du den Schauplatz des irdischen Lebens eines Tages – er kann ganz nahe sein oder noch in großer Ferne – vertauschen wirst mit einem Leben nach dem Tode, mit dem Leben in einer göttlich-geistigen Welt, in Gott; und frage dich, ob du mit dem, was deine Seele mit über die Schwelle des Todes bringt, aufgenommen werden kannst in den Zusammenhang des überirdischen Lebens.« Mit einem Wort: Der alternde Mensch kann uns das Bewußtsein für eine geistige Wirklichkeit nach dem Tod erschließen. Die daraus sich entfaltende Gesinnung verändert das Verhalten der Menschen in der berufstätigen Generation.

Ich habe durch viele Seelen hindurch Blicke in eine uns gewöhnlich verborgene Welt des Geistes werfen dürfen und Einblicke erhalten. Dabei hat sich bewahrheitet: Fähigkeiten, die wir im Leben und Sterben gewinnen, sind von größter Bedeutung für den Fortgang der Menschheit, wenn sie sich angesichts des Todes mit geistiger Kraft erfüllen. Auf Erden üben wir, was sich im Tod geistig entfaltet und uns göttlichem Wirken wieder zugänglich macht. Diese Anschauung finden wir in den Worten des Paulus ausgedrückt:»Sterben ist ein Gewinn.«

Die Möglichkeit, Altern, Sterben und Tod so anzuschauen, verdanke ich der Sinnöffnung durch die Anthroposophie Rudolf Steiners. Sie ist kein dogmatisches Lehrgut. Sie öffnet den Sinn für das verborgene Walten des Geistes inmitten des irdischen Lebens.

Diese Sinnöffnung ermöglicht einen ganz anderen Umgang mit Kindern, Kranken, alternden und sterbenden Menschen; ja sie weckt die Erfahrung vom Leben der Seele nach dem Tod und von der Ansprechbarkeit der Verstorbenen.

Der alternde Mensch und die Gemeinschaft

Altern und Sterben sind Vorgänge, die nicht nur alte Menschen betreffen, insofern sie ihnen zeitlich näher stehen, sie betreffen uns alle persönlich, als Angehörige und als Angehörige eines sozialen Ganzen. Wir gehören einer Familie an und haben dem alternden und sterbenden Menschen gegenüber eine Verantwortung, von der wir uns mit Anstand nicht entbinden können. Und sind wir selbst nicht in der Lage, sie zu erfüllen, so müssen wir die Verantwortung an ausgebildete Pfleger in einem Krankenhaus, in Sozialstationen oder in einem Alten- und Pflegeheim übertragen. Zu diesen Helfern gehören auch der Arzt und der Pfarrer. Sie sollten schon möglichst früh in den Umkreis des alten und sterbenden Menschen einbezogen werden, schon solange er noch im Familienverband leben kann. Jedenfalls sollten wir niemals versäumen, beide teilnehmen zu lassen und um ihren Rat und Beistand zu bitten. Das sollte rechtzeitig geschehen, denn oft gibt es ein »Zuspät«. Besonders der Pfarrer wird vielfach zu spät gerufen und muß dann als eine Person auftreten, die den Schrecken des Todes erhöht. »Wenn Sie kommen, Herr Pfarrer, dann denkt mein Vater ja, er muß sterben.« Zu einem solchen Gedanken – oftmals geäußert – kann es nur kommen, wenn der Pfarrer nicht rechtzeitig genug beteiligt worden ist. Beim Arzt ist eine frühzeitige Inanspruchnahme viel selbstverständlicher. Seine Hilfe bezieht sich auf den Leib. Die Hilfe des Pfarrers soll sich auf die Seele beziehen. Aber die Nöte der Seele werden heute nicht so ernst genommen wie die des Leibes.

An diesem Vorgang des Altwerdens und Sterbens ist aber auch unsere ganze Gemeinschaft – die religiöse wie die kommunale – beteiligt. Erscheint letztere von diesem Geschehen in der Anonymität städtischer Verhältnisse – auf dem Land ist das noch anders – auch weitgehend abgekoppelt, so muß sie doch Friedhof, Krematorium und Verwaltung bereitstellen. Auch die Krankenhäuser sind im allgemeinen kommunale oder regionale Einrichtungen, in vielen Fällen sogar die Altenheime und Sozialstationen. Gewöhnlich verlieren wir die Tatsache aus dem Bewußtsein, daß das Land und der Staat durch die Bereitstellung von Finanzmitteln und durch die Aufsicht über die Heime wesentlich an den Lebensvorgängen der älteren Generation beteiligt sind. Häufig treten auf diesem Feld auch Mißstände ein: Die alten Menschen werden in ihrer Hilflosigkeit ausgenutzt oder die Heimpflege ist nicht in ausreichendem Maß gewährleistet.

Gegenwärtig greift das behördliche Denken stark in diesen Prozeß des Alterwerdens der Menschen ein. Der vorgeschobene Gesichtspunkt, die Geldmittel wären zu knapp, ist ein sehr bedenkliches Argument – wissen wir doch alle, wieviel Geld für oft sehr unmenschliche Zwecke ausgegeben wird. Es werden dann aus diesem Gesichtspunkt soziale Maßnahmen ergriffen, die dem alten Menschen unter Umständen wenig hilfreich sind. Häusliche Krankenpflege ist vorübergehend sehr nützlich, kann aber auf die Dauer auch zu sehr schwierigen seelischen und gesundheitlichen Komplikationen führen; z. B. zur Einsamkeit des Pflegebedürftigen beitragen, in der er seine depressiven Stimmungen nicht bewältigt. Auch verhindert man unter Umständen damit, daß der Schritt aus den gewohnten Verhältnissen in eine neue, anregende Umgebung wirklich getan wird. So segensreich »Essen auf Rädern« sein kann, so entspricht es in den meisten Fällen den Ernährungsgewohnheiten und den altersdiätetischen Forderungen nicht, weil auf die individuellen Bedürfnisse und Notwendigkeiten nicht eingegangen werden kann. Die Anzahl an Menschen, die nötig wären, um individuelle und ausreichende häusliche Krankenpflege und -versorgung alter Menschen zu leisten, gibt es nicht, und wenn es sie gäbe, so müßte das Finanzierungsvolumen, das im Steuerpaket dafür vorgesehen ist, erheblich erhöht werden.

Das Wesentliche, das alle Menschen mit den Alten und Sterbenden verbindet, muß die Liebe sein, auch wenn es einer Pflicht entspricht, der wir uns niemals entziehen können, den Menschen in der letzten Phase ihres Lebens besonders zu helfen. Die Pflichten, die uns entstehen, sollten an den Vorgängen im Leben des zu Betreuenden selbst abgelesen werden und nicht von äußeren, z. B. wirtschaftspolitischen Gesichtspunkten bestimmt sein. Ein solches Erkennen erzeugt Liebe. »Die Liebe steht obenan.« Dieses Wort des Paulus muß uns Leitstern bei all unserem Handeln sein.

Aber wir müssen uns darüber Gedanken machen, wie die Liebe zu bewahren, zu steigern ist und manchmal trotz großer Enttäuschungen aufgebracht werden kann. Oft jahrelange, zur Routine absinkende Pflege läßt die Liebe erlahmen und unbarmherzige Kälte an ihre Stelle treten. Man kann aber ganz gewiß sein, daß die pflegende Gemeinschaft oder die Familie leidet, wenn die Liebe erkaltet. Nur in Liebe läßt sich jene Atmosphäre aufbauen, die es dem Menschen in der letzten Phase seines Lebens ermöglicht, sich selbst, seinen schweren Gang zum Tod und seine Mitmenschen zu verstehen. Der Quell der Liebe ist Christus.

Es ist uns ganz selbstverständlich, bei der Geburt Hilfe zu leisten. Eine Hebamme – und heute meistens auch ein Arzt – ist hilfreich zur Stelle. Hebammendienst in einem übertragenen Sinn ist auch der Sterbebeistand, die echte Sterbehilfe. Diese gelingt nur dann in der richtigen Weise, wenn uns klar wird, daß das Sterben in der Tat eine Geburt ist; die Geburt der Seele in der geistigen Welt.

»Wenn ein Mensch geboren wird, stirbt ein Geist.
Wenn ein Geist geboren wird, stirbt ein Mensch.«

So beschrieb der Dichter Novalis die beiden Grenzsituationen des Lebens.

Sterben ist schwer! Das gilt nicht nur für den Sterbenden in der letzten Phase seines Lebens, sondern auch für seine Familie. Es muß mit viel Geduld und Verständnis auf den Schmerz der Familie eingegangen werden. Die Familienmitglieder sind dem Sterbenden oft viel mehr in seiner leiblichen Erscheinungsform verbunden, als sie es wissen. Sie sind ihm durch das »Blut« verbunden und fürchten sich vor dem leiblichen Nicht-mehr-gegenwärtig-Sein des Sterbenden. Zu erwartende Entbehrung des geliebten Menschen steht oft als ein schwerwiegendes Ereignis den Familienangehörigen bevor. Wollen sie die Ereignisse nicht nur abgestumpft ertragen, so hilft ihnen eigentlich nur, sich zu sagen: Die Blutsliebe ist an das vergängliche Menschenwesen gebunden. Die Liebe, die wir durch Christus erleben können, ist unvergänglich und bindet ewige Wesen.

Auch die Pflegenden brauchen Beistand. Sie haben es vielfach am schwersten, denn sie müssen alle leiblichen Prozesse des Sterbens – von den schwerwiegenden Sinneseindrücken bis zu den unmenschlichsten verbalen oder kreatürlichen Äußerungen – ertragen und verarbeiten. Dabei muß ihnen geholfen werden. Immer sollte man sie darin unterstützen, den inneren Blick auf das unsichtbare, ewige Wesen des Menschen zu lenken, denn alles, was der Leib an kranken Erscheinungsbildern zeigt, ist in der Regel schon vom Scheiden geprägt und kulminiert im Sterbevorgang. Der Pflegende muß den Standpunkt des seelisch-geistigen Wesens vertreten, das sich aktiv vom Körperlichen lösen will, auch wenn dieser Wille dem normalen Bewußtsein unbemerkt bleibt.

Es ist also in jeder Richtung das Gespräch notwendig, und dieses sollte so viel wie möglich gepflegt werden. Selbstverständlich müssen die nötigen Handgriffe, die das körperliche Dasein erleichtern, gelernt sein. Familienangehörige, die sich leichten Herzens und guten Willens die Pflege zutrauen, sind oft sehr überrascht, wie schwer die Arbeit ist und wie wenig sie vermeiden können, durch ihre Handgriffe dem alten Menschen Schmerzen zuzufügen.

Es gibt Ausbildungen, auch kürzere, die Kranken- und Altenpflege zu erlernen. Möglichst viele Menschen sollten in häuslicher Krankenpflege geübt sein, am besten noch bevor entsprechende Notwendigkeiten in der eigenen Familie oder deren Umkreis auftreten.

Volkspädagogik und Kultur
im Hinblick auf den alten Menschen

Vornehmlich *ein* gewichtiger Problemkreis des Alterns wird von den Zivilisationserscheinungen unserer modernen Gesellschaft vielfach überdeckt. Altersheime öffnen sich sehr verschiedenen sozialen Schichten. Da gibt es die vornehmen »Seniorenheime«, in die man überhaupt nur aufgenommen wird, wenn man einen stattlichen Vermögensanteil zur Verfügung stellen kann, wo Garderobe – bis hin zum Abendkleid – und »gebildetes« Niveau die Umgangsformen bestimmen und die Beschäftigung einen Stil entfaltet, der für den Zeitgenossen eher ein bißchen antiquiert wirkt.

Im krassen Gegensatz dazu stehen die städtischen Altenheime oder die Kreisaltenheime, in denen die meisten Menschen unterkommen. Da hat sich gerade in der Bundesrepublik in den letzten Jahren vieles geändert, und die Bemühungen, für den alten Menschen der ärmeren Schichten besonders zu sorgen, sind zur Zeit auf einem guten Weg. Und dennoch bemerkt man gerade in solchen Altenheimen eine altersspezifische Not, die dort deutlicher zutage tritt als in den Altenheimen sogenannter »gehobener« Schichten, weil sie in diesen durch die finanzielle Lage der ins Heim Aufgenommenen besser kaschiert werden kann – gemeint ist die innere Leere.

Es herrscht in den Menschen eine gravierende Interesselosigkeit, die durch Fernsehen und andere Massenmedien nicht verhindert, sondern noch gesteigert wird. Jede unschöpferisch machende Information – und dazu gehören »Bild«, Fernsehen, Krimi und dergleichen – lähmt die Seelenkräfte, die sich mit wirklichem Interesse dem anderen Menschen und der Welt zuwenden können. So gibt es heute viele Menschen, die in einer geradezu stupiden Weise nebeneinander her leben, ohne einander Mitteilung

19

von ihrem Innenleben, von ihrer Freude und ihrem Schmerz, von Schönem und Ergreifendem machen zu können. Diesen Menschen mangelt es im allgemeinen auch an der Fähigkeit, richtig schlafen zu können. Man ist geneigt zu sagen: Weil ihr ganzer Tag ein einziger Schlaf ist, zumindest ein Traum. Für die meisten ist es dann selbstverständlich, daß man abends eine Schlaftablette einnimmt, deren Wirkung bis zum Morgen anhält, und daß man damit früh zu Bett geht. Die Sedierung des Menschen im Alter ist ein gesellschaftliches, nicht nur ein medizinisches Problem. Abgesehen davon, daß es Unsummen an Geld verschlingt, ist es auch ein sozial-moralisches Problem, weil das Bewußtsein des Menschen dadurch noch mehr abgedämpft wird als es ohnehin schon der Fall ist. Dies hat seine Wurzeln in unserer ganzen Lebensart und unserer materialistischen Weltanschauung. Schon in der Schulzeit überfüttert man die Kinder mit Informationen, ohne schrittweise und intensiv durch eigenschöpferische Tätigkeit das Interesse für die großen Lebensfragen der Menschheit zu wecken. Das führt zu Schwierigkeiten im Alter.

Einen sehr wesentlichen Beitrag zur Überwindung dieser Schwierigkeiten gibt Rudolf Steiner in seinen Vorträgen »Die Mission der neuen Geistesoffenbarung – Das Christus-Ereignis als Mittelpunktsgeschehen der Erdenevolution« (GA 127, Vortrag vom 7. Januar 1911). Wir möchten aus diesem Vortrag im Wortlaut zitieren:

»Nehmen wir an, ein Mensch tritt in der Jugend einem Älteren gegenüber mit einer heiligen Scheu, von der er vielleicht gar nicht sagen kann, warum sie sich einstellt. Bemerken wir eine derartige breite Gemütsanlage bei einem Menschen, so finden wir, daß solche Menschen lange jung bleiben, überhaupt jung bleiben, daß in ihnen ein junges Herz schlägt, auch wenn die Haare längst grau geworden sind. Sie behalten eine gewisse Beweglichkeit im Leben. Namentlich behalten sie das ganze Leben hindurch die Fähigkeit, rasch sich hineinzufinden in Situationen, geschickt zu sein in allen Verhältnissen. Wer sich in der Jugend so dem Leben aufschließt, vor dem schließt sich in späteren Epochen das Leben im-

20

mer mehr auf. Er ist immer mehr imstande, in die Dinge hineinzuschauen, erreicht auf leichtere Weise die Möglichkeit, das Geistige zu fühlen hinter den Dingen; er wird immer spiritueller. Anders ein Mensch, der die Verstandesseite in der Jugend besonders entwickelt hat. Solche Menschen neigen sehr zu frühzeitiger Greisenhaftigkeit. Das ist nicht Schuld des Einzelnen, sondern das Karma der Gemeinschaft. Derjenige, der ein Verstandesmensch ist, sondert sich immer mehr von der Welt ab, sie wird ihm immer unverständlicher. Daher das Kritisieren vieler Menschen über alles, was in ihrer Umgebung ist. In meiner Jugend – sagen sie – war alles schön, jetzt ist alles verdorben. – Dieses Mürrische, dieses mit nichts Zufriedensein, dieses Sich-Zurückziehen, nur in den Kindheitserinnerungen leben, ist etwas, was zusammenhängt mit der Verstandeshaftigkeit der Seele in der Jugend. Daher können wir nicht genug tun, auf der breiten Basis des Gemütes, namentlich auf der Bildhaftigkeit die Erziehung aufzubauen.«

»Was bedeutet im Menschenleben die Musik?« – Soll sie ihre Wirkung entfalten können, so muß man von klein auf die Kinder und Jugendlichen anhalten, sich im Hören des Musikalischen zu üben und sich selbst im Singen und im Erüben eines Instruments fortzubilden, schöpferische Fähigkeiten auszubilden. Die Menschen singen nicht mehr, und viele spielen kein Instrument. Statt dessen überfluten wir unsere Kinder heute mit Medien-Musik, die gar keine Musik ist, wenn man den wahren Begriff des Musikalischen darauf anwendet. Musikalische Menschen haben es im Alter leichter, weil ihr Interesse nicht erlahmt. Sie haben einen Quell, aus dem sie ihre Kreativität im seelischen Leben auf die schönste Art steigern können.

Dieses Beispiel steht für vieles, was heute in der Volkspädagogik falsch veranlagt wird. Musik ist – richtig verstanden – Abbild eines höheren musikalischen Erlebens, das der Seele nur dann gegenwärtig sein kann, wenn sie sich überirdischen Klängen (der Sphärenharmonie) öffnen kann. Sie ist als Kunst aber nur dann sinnvoll, wenn sie nicht nur von einem Einzelnen ausgeübt wird, sondern auch von einer Gemeinschaft miterlebt werden kann.

Musik wird zur schöpferischen Tat durch den Künstler, der das Instrument spielt, und durch die hörende Gemeinschaft, die dem Künstler einen seelenerfüllten Raum schafft, den er wie zu seinen Fähigkeiten gehörig betrachten kann. Vor jeder Zuhörerschaft spielt ein Künstler dasselbe Musikstück anders. Das Entstehen des Kunstwerks ist also ein einmaliges, nicht reproduzierbares Geschehen, abhängig von den jeweils anwesenden und mittätigen Menschen.

Verglichen damit ist Medien-Musik, auch wenn es sogenannte »gute Musik« ist und – von Bändern oder Platten abgespielt – sie scheinbar sehr schön klingt, gar keine Musik, denn sie erfüllt die genannten Bedingungen des Kunstwerks nicht. Sie macht nicht schöpferisch. Vielmehr lähmt sie die musikalischen Fähigkeiten, vor allem das feinere Hinhören auf das Geistig-Seelische im schöpferischen Akt. Die sogenannte »Pop-Musik« und alle Musikarten im isoliert bewegten Rhythmus sind noch viel weniger als Musik zu bewerten. Sie können und wollen den Menschen nur von seinen schöpferischen Tätigkeiten abbringen und auf seine Triebhaftigkeit oder Sentimentalität lenken. Die »Musik« als Anreiz von Sentimentalität und Triebnatur ist für den alten Menschen bestimmt nicht gut. Sie erhöht das Bewußtsein nicht, sondern vermindert es. Außerdem ist diese »Musik« in ihrer Auswirkung sowohl seelisch als auch physiologisch eine Überforderung.

Die Versäumnisse und Fehler werden in ihrer Wirkung auf den Menschen bis ins Alter noch nicht zur Genüge erkannt. Die Alten dürfen in bezug auf ihre inneren Fähigkeiten nicht unlebendig werden. Bleiben sie aber lebendig, so können sie ein Segen werden für die jüngeren Generationen und ihre alt gewordenen Mitmenschen.

So gesehen ist die Ausbildung von Altenpflegern, die die Bedeutung der geistigen Lebendigkeit des Menschen erfassen lehrt, von größter Wichtigkeit. Diese Altenpfleger werden die Menschen sein, die für die alten Menschen das Wort ergreifen und Gesichtspunkte geltend machen müssen, die sich auf das gesamte Leben unseres Volkes verwandelnd auswirken.

Es ist eine großartige fortschrittliche Leistung, daß jeder Mensch in der Bundesrepublik Deutschland damit rechnen kann, im Alter ein gesichertes Leben führen zu können und nicht, wie es z. B. nach den Schilderungen Simone de Beauvoirs in »Das Alter« noch vor Jahren der Fall war, sich vom Betteln oder von den Abfällen der wohlhabenden Schichten ernähren zu müssen, weil die Bezüge zu gering sind. Es hat auf diesem Feld viel Elend gegeben, und es gibt solches Elend noch in vielen Ländern der Welt. Wir müssen nur deutlich erkennen, daß unabhängig von dem sozialen Elend und trotz aller Sozialhilfe, die angestrebt werden kann, es ein inneres, seelisches Elend gibt, das man mit dem Wort »Seelentod« wohl am besten trifft.

Es gibt heute Altenheime auf anthroposophischer Grundlage oder in den Zusammenhängen der Sozialwerke der Christengemeinschaft. In ihnen wird versucht, dem alten Menschen die Möglichkeit zu geben, sich nicht nur versorgen zu lassen, sondern auch ein intensives geistig-schöpferisches, künstlerisches und religiöses Leben in Gemeinsamkeit mit Menschen jeder gesellschaftlichen Herkunft zu pflegen. Einiges aus dem Umgang mit alten Menschen in diesen Heimen hat zu den Inhalten dieses Buches angeregt. Es bedarf – das ist ganz deutlich – noch einer tatkräftigen Fortbildung des unter anthroposophischen und christlich-religiösen Gesichtspunkten Begonnenen, aber der Anfang zu einer neuen Form der Altenpflege ist hier gemacht worden. Man kann sich heute davon überzeugen, daß es mit den Einrichtungen, die es im Bereich des pädagogischen und sozialen Lebens gibt und die von den Ideen der Anthroposophie befruchtet sind, schon wesentliche Beiträge für eine Neugestaltung der volks- und sozialpädagogischen Entwicklung gibt, die auch den alten Menschen zugute kommen.

Was für die erste Lebenshälfte natürlich ist, daß nämlich die vitalen Prozesse zurücktreten und die Bewußtseinskräfte wachsen, gilt nicht unbedingt auch für die zweite Lebenshälfte. Hier droht immer die Gefahr, daß die Seele und das Bewußtsein in den sich auflösenden Prozessen des Lebens und des Leibes unterge-

23

hen. Dem aufmerksamen Beobachter entgeht nicht, daß sich die Kräfte des Seelenlebens bei geistig aktiven Seelen anders verhalten als bei geistig inaktiven Menschen. Die Seele ist »eingespannt« zwischen Leib und Geist, und beide haben erhebliche Anziehungskraft, mit der sie auf die Seele wirken. Wirkt nur der leibliche Pol, so verliert sich die Seele in physiologischen Vorgängen, mit allen daraus entstehenden Folgen. Ist die Seele nur an den Geist gebunden, verliert sie alle Beziehung zu den irdischen und sozialen Tatsachen, auch zum Leib. Die Mitte ist der richtige Weg.

Reisen im Alter

»Als wir jung waren, hatten wir Zeit und kein Geld;
als wir eine Familie gründeten, hatten wir keine Zeit und kein
Geld;
jetzt haben wir Zeit und Geld..., also reisen wir!«

Dieser Slogan ist in vieler älterer Menschen Mund. Kann man dagegen im Ernst etwas einwenden wollen? Mit Erfolg sicherlich nur
sehr schwer. Aber es muß der Versuch gemacht werden, Angehörigen und Pflegenden, vor allem dem alternden Menschen ein Bewußtsein für die Fragen und Probleme, die dabei auftauchen, zu
vermitteln. Immer mehr Menschen, die ins Greisenalter eingetreten sind,
reisen. Ist das gut? Für geschäftstüchtige Reisebüro-Manager
oder Touristik-Unternehmer sind gerade die Menschen dieses Le-
bensalters eine Zielgruppe für verlockende Angebote. Warum
auch nicht? »Der alte Mensch kann das Angebot ausschlagen; er
ist ein freier Mensch.« Diese oft auf kritische Einwendungen gegebene Antwort ist nur zu einem Teil richtig. Auf der einen Seite ist
der gerade Pensionierte heute keineswegs schon ein Greis oder
eine Greisin. Wann aber beginnt das Greisenalter in bezug auf das
Reisen? Diese Frage muß bestimmt sehr individuell beantwortet
werden. Aber wie soll man sie beantworten? Auf der anderen
Seite ist der Mensch im Augenblick des Eintritts ins Greisenalter
schon in einer besonderen Situation. Er hat jetzt nicht mehr den
richtigen Blick für sich selbst. Das ist meistens schon viel früher
der Fall, als wir es wahrhaben wollen – aber das bleibe hier unbe-
rücksichtigt. Mit dem Verlust des richtigen Blicks für sich selbst
geht der Verlust der Verantwortlichkeit für sich selbst einher.
»Verantwortlichkeit für sich selbst« ist ein Thema, das außeror-

dentlich schwierig zu behandeln und ins Praktische umzusetzen ist. Es kann ein Mensch nur dann voll für sich verantwortlich sein, wenn auf der einen Seite die Vorgänge im Körper sich das Gleichgewicht halten und auf der anderen Seite die Seele über eine gewisse Stärke verfügt. Ein organischer Prozeß darf den anderen nicht überwiegen und schon gar nicht überwältigen. Es bedarf einer physiologischen Ausgewogenheit aller Funktionen des Körpers, um der Seele die Möglichkeit zu geben, frei auf der Grundlage dieser Funktionen ihre Tätigkeit zu entfalten. Eine innerlich untätige Seele versinkt allzu leicht in den Körperprozessen und läßt sich durch diese unter dem Einfluß der Umwelt bestimmen. Eine sich selbst aktivierende Seele kann sich Freiheit erringen. Eine Abhängigkeit von Körperprozessen führt immer zu Unfreiheit.

Wird der Mensch von Wärmevorgängen – im Extrem Fieber – überflutet, erlauben diese es ihm nicht, sein Gedanken- und Vorstellungsleben in der richtigen Weise zu entfalten. Ist der Mensch dagegen vorwiegend von Kälteprozessen beeinflußt, arretieren diese die physiologischen Stoffwechselprozesse – im Extrem sehen wir dies beim Winterschlaf der Tiere –; er kann dann seinen Willen nicht mehr äußern. Diese beiden polaren Einflüsse sind im Menschen immer vorhanden. Sie gestalten das Leben in einem rhythmisch pulsierenden Wechsel. Sie können sich in jedem Lebensalter gegeneinander verschieben. Dann dominiert in ganz feiner Weise einer der Pole – oft überhaupt nicht bemerkt – und macht den Menschen unfrei. Im Alter tritt eine solche Verschiebung des Gleichgewichts vielfach sehr deutlich hervor. Vor allem überwiegen die Kältevorgänge, die Exkarnationstendenzen, kurz das, was wir als Skleroseprozesse ansprechen können. Sie lähmen das Leben vor allem in den Gliedern und im Stoffwechsel.

Der so veränderte Mensch kann viel von seiner Freiheit und Unabhängigkeit einbüßen, ja er kann sie ganz verlieren; es sei denn, er hat sich im seelischen Leben so stark gemacht, daß physiologische Vorgänge die Seele nicht mehr beeinflussen oder von sich abhängig machen.

26

In solch einem Fall muß die Verantwortlichkeit von Menschen aus dem sozialen Umfeld übernommen werden. Es muß also ein Kreis von Menschen in Aktion treten, der die Verantwortung trägt und tragen will. Es gibt gewiß einen Augenblick im Leben, zu dem der alternde Mensch seine Verantwortlichkeit für sich selbst abtreten und in andere Hände legen muß, oder andere den schweren Entschluß fassen müssen, sie zu übernehmen. Das ist zuerst eine Frage, die ganz im mitmenschlichen Bereich durchgerungen werden sollte, ehe sie dann auch juristisch festgeschrieben werden muß. Die sogenannte »Entmündigung« sollte niemals ohne inneren Kampf der Verantwortungsträger in sich selbst vorgenommen werden. Jüngere Menschen scheuen dieses Ringen. Sie scheuen oft davor, die Verantwortung zu übernehmen, weil sie dem anderen Menschen seine Freiheit weiter zugestehen möchten; und sehr oft tun sie das mit Recht, aber ebenso oft zu Unrecht. Takt und Mut gehören dazu, mit dieser Situation fertig zu werden. Es bedarf aber vor allem zweierlei innerhalb des sozialen Lebens: Der alternde Mensch muß sich, bevor er ins Greisenalter eintritt, darüber klar werden, daß er zu einer nicht gerade unerheblichen Belastung für die nachfolgenden Generationen werden kann. Damit muß jeder Mensch rechnen. Deshalb sollte er das andere wohlweislich tun: Er sollte seinen Familienangehörigen, dem Arzt und dem Pfarrer beizeiten das Recht einräumen, ihm sagen zu dürfen, was sie über seinen Zustand und seine Aktivitäten denken, und das Recht, energisch einzugreifen. Es ist sogar sehr klug gehandelt, wenn man das schriftlich gibt. Außerdem läßt man es sich zu einer lieben Gewohnheit werden, daß man – vom 63. Lebensjahr an, es kann z. B. am Vorabend eines jeden Geburtstags geschehen – die Frage an seine engsten Mitmenschen stellt: »Und was, meint Ihr, soll ich im nächsten Jahr noch tun und nicht mehr tun?« Es ist eine große Kunst, diese Frage richtig zu beantworten, und es gehört viel Takt dazu. Solch gemeinsames Umgehen kann für die Lösung vieler Altersfragen zu einem bedeutenden sozialen Faktor in der Menschheit werden und viel Elend abwenden. Daß Werbeunternehmen diese Altersgruppe nicht mehr ansprechen sollten, versteht sich eigentlich von selbst. Eine gegenteilige Handlungsweise widerspricht jedem Anstand. Da die Unmoral auf diesem Feld so überaus groß ist, müßte zum Schutz dieser Altersgruppe der Gesetzgeber umfängliche Maßnahmen ergreifen.

Für Angehörige, Ärzte, Pfleger und Pfarrer gilt jedoch noch etwas anderes: Sie werden alsbald bemerken, daß es nicht einfach ist, die Lebensumstände eines alternden Menschen recht und gerecht zu beurteilen. Wir kommen alle nicht umhin, uns mit der Menschenkunde des Alters zu befassen. Das darf nicht nur oberflächlich geschehen. Vielfach ist es ja außerordentlich interessant für Angehörige mit Kindern, sich einer vergleichenden – nicht lieblos vergleichenden – Beobachtung hinzugeben, indem man die Lebensschritte des Kindes mit denen des Greises vergleicht. Dieses »Studium« darf eigentlich nicht nur interessant bleiben. Es muß zu einer geübten Erfahrung werden, die jeder – mehr oder weniger natürlich – sich aneignen kann und so geeignet ist, unser Gemüt zu durchdringen und unsere Haltung zu verändern. Das günstigste für den, der sich nicht in der Lage sieht, alles zu durchschauen, ist, kompetente Persönlichkeiten zu bitten, ihm einen fundierten und einsehbaren Rat zu geben. Allgemeine »Rezepte« nutzen wenig. Der Mensch der heutigen Zeit ist den Umgang mit alten Menschen nicht mehr gewohnt. Das liegt in den sozialen Verhältnissen begründet. Er braucht deshalb viel Rat. Er kann ihn auch finden, wenn er ihn ernsthaft sucht. Nur sollte er sich aus Minderwertigkeitsgefühlen oder dem Gefühl, es schon zu wissen, nicht abhalten lassen, diesen Rat zu suchen. Wie es einen Unterricht für werdende Mütter gibt oder eine Elternschule, die pädagogische Fragen behandelt, so könnte es auch Kurse geben, in denen die angedeuteten Problemkreise behandelt und in Gesprächen ausgearbeitet werden. Es geht also um eine »Schule« für den Umgang mit alten Menschen.

Dies alles war notwendig, um des näheren auf die Problematik, die mit dem Reisen im Alter zusammenhängt, einzugehen. Es gibt dabei jedoch viele Einzelfragen, von denen wir einige wenigstens kurz anschneiden wollen:

Wie reagiert ein alternder Mensch auf Klimaveränderungen? Das Klima eines Ferienortes kann mild sein, dem alten Menschen sehr entgegenkommen und ihn regenerieren. Dann ist nur die Frage: Wie kommt er dort hin, und wie bekommt ihm das Gefährt, das ihn zu diesem Ort und zurück bringt? Es gibt aber auch ein Reizklima, das für junge und gesunde Menschen durchaus anregend sein kann und gut zu verkraften ist, für alte Menschen jedoch zur Überforderung wird. Orte mit Reizklima sind vor allem auch solche mit zu starker Sonneneinstrahlung. Selbst wenn man sich nicht in die Sonne legt, was alte Menschen überhaupt nicht tun sollten, können Licht und Wärme, die ungewohnt sind, zu erheblichen Schwierigkeiten führen. Es gibt Gegenden, in denen das Klima sehr gesund ist. Für den alten Menschen wird es zum Reizklima, weil es für ihn eine Übergesundheit bringt, die sein Organismus nicht mehr annehmen kann. Aus diesem Grunde sollte man sich gut informieren, wenn man eine Reise unternimmt, was einen am Ferienort erwartet. Eine Beratung mit dem Arzt ist in jedem Fall gut.

Hier stellt sich aber noch eine andere Frage: Ist der Verzicht auf eine weite Reise unter Umständen sinnvoll, da viel bekömmlicher? Jede Art von Verzicht ist im Alter ohnehin etwas, was seelisch und geistig stärkt, insbesondere wenn man sich entschließt, das, was einen von außen her auf Reisen im Feld der Wahrnehmung mitreißt und attackiert, durch innere Bemühungen zu ersetzen, denkend, vorstellend, Phantasie übend usw.

Besondere Schwierigkeiten treten auf, wenn mit dem Reisen nicht nur ein Klimawechsel verbunden ist, sondern auch ein Wechsel der Jahreszeit. Viele Menschen reisen heutzutage im Winter in Zonen der Erde, wo es keine Jahreszeiten in dem Sinne gibt, wie sie in unserer gemäßigten Zone so wunderbar wechselnd das Leben vielseitig machen. Das sind zumeist die Zonen der Erde, wo permanent Sommer ist. Andere wechseln sogar die Hemisphäre. Wer keinen Schaden leiden möchte, sollte sich unbedingt vergewissern, wie ein Körper, wenn er die kalte Jahreszeit plötzlich, von einem Tag auf den anderen verläßt und in eine warme oder gar heiße Jahreszeit eintaucht, um danach ebenso abrupt wieder in die Region der Kälte einzutauchen, reagiert. Ist der tief in unsere Gewohnheiten eingeprägte Jahreszeitenrhythmus ohne Folgen für unseren Organismus zu durchbrechen? Man sollte sich durchaus vorstellen, daß die kühle oder kalte Jahreszeit vor allem die Kräfte fördert, die mit dem konzentrierten Leben des Kopfes zusammenhängen. Sie unterstützt seelisch-geistig das Vorstellungsleben und das Denken; physiologisch werden die formgebenden Tendenzen des Organismus verstärkt. Die warme Jahreszeit dagegen beeinflußt die Kräfte, die im Stoffwechsel-Gliedmaßen-Menschen »zu Hause« sind. Sie steigern die emotionalen Antriebe des Menschen und verursachen Aufgeschlossenheit von Seele und Leib gegenüber der Umwelt: die polare Geste zur Wintergeste! Das Nichtmitgehen im rhythmischen Wechsel zwischen beiden bringt unseren ganzen auf Rhythmus eingestellten Lebensprozeß in organbeeinflussende Unordnung.

Fliegen ist eine besondere Anforderung an den alt gewordenen Menschen. In der physiologischen Forschung steht die Menschheit vor Entdeckungen immer neuer Faktoren, die dem Körper zusetzen, wenn der Mensch fliegt. Er macht dabei plötzliche Höhenveränderungen durch, ohne sie im Bewußtsein ganz mitvollziehen zu können. Die Entfernung von der festen Erde wird nach dem Start nicht mehr wahrgenommen; es ist einerlei, ob wir 5000 oder 10000 Meter in die Höhe gestiegen sind. Wie anders ist es, wenn man einen Berg besteigt, wahrnimmt, wie mühsam es ist, den Leib selbst in die Höhe tragen zu müssen, wie die Luft sich verändert und das Verhältnis zu Licht und Wärme anders wird.

Damit nicht genug: Die eigenen ätherischen Kräfte, die sonst immer mit denen auf der Erde verbunden sind – beim Fliegen reißen sie gewissermaßen ab und müssen, wieder auf der Erde angekommen, neu angeknüpft werden. Das ist für den alten Menschen besonders schwer. Es zeigt sich an seinem Herzen, aber auch an seinem schwerfällig werdenden Verdauungsleben. Wenn wir entgegen der Erdumdrehung fliegen oder mit der Erdumdrehung, so verändern sich sehr viele Körperfunktionen in verschiedenem

Maße. Die Auswirkungen des Flugmotorenlärms auf den Chemismus unseres Organismus bei der Dauerbelastung von mehreren Flugstunden werden heute kaum bedacht. Geräusche und Töne verändern sofort die feinen Lebensvorgänge, die im menschlichen Organismus die physiologische Chemie bewirken. Aus der akustischen Physik wissen wir, daß Töne Materieanordnungen bewirken und zerstören können. Das Anstreichen einer Glasplatte mit einem Geigenbogen bewirkt bestimmte Feldlinien, deren gestaltende Kraft man mit fein auf der Glasplatte verteilten Eisenfeilspänen sichtbar machen kann (Chladnische Klangfiguren). Ebenso kennt man heute den Einfluß von spezifischen Tönen auf die Gestaltung des aufsteigenden Rauches (Versuche von Paul Eugen Schiller, Goetheanum Dornach). Was sich da im physikalischen Bereich zeigt, ist nur ein schwacher Ausdruck dessen, was im Reich des Lebendigen vor sich geht, wenn der Ton oder das Geräusch auf die physiologisch-chemischen Kräfte wirkt. Rudolf Steiner hat, weil er die im chemischen Stoffwechsel wirkenden Lebenskräfte beobachten konnte, diesen Teilbereich der vier Ätherarten, der vier in differenzierter Weise sich verhaltenden Lebenskräfte,»chemischen Äther« oder auch»Klangäther« genannt. Er formt und gestaltet alle Funktionen des Körpers.

Wir müssen uns die Frage stellen: Wie wirken unter all den genannten Umständen Medikamente, Genußmittel aller Art, vor allem Alkohol? Viele ältere Menschen sind von Medikamenten abhängig, ebenso viele trinken Alkohol, oft sogar während des Fliegens. In vielen Fällen wirken Alkohol und Medikamente in einer Richtung: Sie drängen das Ich aus der gesamten Organisation des Menschen heraus. Hält man das zusammen mit den anderen Tatsachen, die wir angeschaut haben – daß der Lebensbezug abreißt und der Chemismus des Körpers sich verändert –, so haben wir hier eine dritte Quelle der Chaotisierung unserer Organisation. Wie wenig diese Vorgänge heute bemerkt werden, ist erschreckend. Natürlich sind sie im Vergleich zu vielen Einflüssen unserer Zeit sehr unscheinbar. Die oftmals auch für den gesunden jungen Menschen bis zu einer Woche dauernden Wiedereinpendelungen in einen ausgeglichenen Rhythmus, z. B. der Herz-Atemtätigkeit, lassen vermuten, daß auch ihm oft wiederholtes Fliegen nicht sehr gut bekommt. Wie sieht das beim alten Menschen aus? Jede Unregelmäßigkeit im Lebensgefüge führt schneller zur Manifestation von Alterskrankheiten. Vor allem setzt sich beim Nachlassen vitaler Aktivität die Sklerosetendenz durch, der der Organismus vehement mit einer Verstärkung der Kreislaufaktivität begegnen möchte, die entweder unter dem Druck der Sklerosetendenz zusammenbricht oder die Schranken des verkalkten Adernsystems durchbricht (Infarkt, Schlaganfall).

Über all diesen Einzelheiten steht die Frage: Sollte der Mensch in diesem, seinem reifen Lebensalter nicht eigentlich ganz »andere Reisen« unternehmen? Wie wohltuend ist es, wenn wir einem wahrhaft besinnlichen alten Menschen begegnen, dessen Lebensansichten und dessen Lebenshaltung Zeugnis von einem verinnerlichten, dem Leben in geistiger und weisheitsvoller Weise mit Humor gegenüberstehenden Seelenleben ablegen. Lebens-Er-Fahrungen sind nur dann wesentlich, wenn sie im Licht des Geistes gereift sind, wenn sie verarbeitet sind. »Besonnte Vergangenheit« hat Carl Ludwig Schleich sein Buch der Lebensrückschau genannt. »Besonnenheit« sollte das Stichwort sein, das uns Anlaß gibt, darüber nachzudenken, ob Reisen im Alter noch sinnvoll ist. Wohlgemerkt, es ist durchaus bekannt, daß Menschen auch im hohen Alter noch bedeutende Eindrücke aufnehmen und verarbeiten können. Diese Fragen müssen ganz individuell geklärt werden, aber sie müssen zur Frage erhoben werden, die auch ihre Antwort findet.

Etwas Ähnliches gilt für das Autofahren alter Menschen. Die Selbstbeschränkung wird auch hier von einer gewissen Zeit an notwendig. Und es kommt auch hier der Zeitpunkt, wo das »Greisenalter« einsetzt. Dieser Zeitpunkt liegt in den meisten Fällen sehr viel früher, als die Vergreisung auf anderen Feldern bemerkbar wird. Hohe Geschwindigkeiten, rascher Höhenwechsel, außergewöhnliche Verkehrsverhältnisse führen schnell zu einem Verhalten des Organismus, das dem Streß dieser Situationen nicht gewachsen ist. Es ist beobachtet worden, daß Kolonnenfahrten, Tunnelfahrten, Nachtfahrten und Behinderungen durch andere Fahrzeuge bei alten Menschen Ängste und Kreislaufanspannungen hervorrufen, die zu Fehlreaktionen führen können. Das Wetter, ungewohnte Klimaverhältnisse und ein Sicheinfügenmüssen in neue Zeitverhältnisse wirken ebenfalls auf das Fahrverhalten älterer Menschen ungünstig. Die Menschen im Umfeld von Alternden, vor allem alter Männer, sollten besonders aufmerksam und verantwortungsbewußt jenen Augenblick zu erkennen versuchen, zu dem das selbständige Fahren ein Ende finden muß.

Der Entschluß zur Übersiedlung in ein Altenheim

Die Frage, ob die Übersiedlung in ein Altenheim ein biographisch richtiger Schritt sein kann, hat viele Seiten, die der Beleuchtung bedürfen. Nach drei Aspekten kann sie anfänglich angegangen werden:

- Welche Probleme entstehen für den alternden Menschen, wenn die Frage der Umsiedlung in ein Altenheim akut wird?
- Gibt es Gründe in der eigenen Biographie, die einen solchen Schritt sinnvoll erscheinen lassen?
- Gibt es Gründe außerhalb der eigenen Entwicklung, die Anlaß sind, einen solchen Schritt zu erwägen?

Gehen wir zunächst auf die erste Frage ein. In den meisten Fällen kommt die Aufforderung, in ein Altenheim zu gehen oder zumindest die Überlegung dazu anzustellen, nicht aus eigenem Antrieb – es sei denn, die Verhältnisse zwingen dazu –, sondern aus der menschlichen Umgebung. Wenn die Verhältnisse dazu zwingen, kann man ohnehin nicht mehr lange überlegen. Dann muß man den Schritt tun, ihn als Schicksal akzeptieren und darf nicht empört oder traurig sein, sondern vielmehr in sachlicher Weise dafür dankbar, daß es Einrichtungen gibt, die einen in der Not aufzunehmen bereit sind.

Hat man aber die Notwendigkeit noch nicht vor Augen, so wird man mitdenken wollen und sollen. Dabei stößt man gewöhnlich auf die Tatsache, daß die Angehörigen die eigene Lage viel ernster sehen als man selbst. Und es ist gut, wenn man sich dann sagen kann: Offensichtlich bist du ein wenig blind in bezug auf die eigene Leistungsfähigkeit, die eigene Gesundheit und das Bewältigungsvermögen bei der Gestaltung der Umgebung und des Lebens. Natürlich verdrängt man gern damit verbundene Probleme und überspielt diesbezügliche Bemerkungen, die einen in zarter Weise aufmerksam machen wollen.

Es kommt oft einem Schock gleich, wenn Angehörige, Freunde, der Arzt oder der Pfarrer bei zunehmender Notwendigkeit und dem Zutagetreten vieler Gründe einem alten Menschen mit gewisser Energie begreiflich machen wollen, daß eine Umsiedlung nunmehr das Ratsamste wäre. Der alte Mensch ist sehr empfindlich; das muß man sich immer wieder vor Augen führen, wenn es auch schwerfällt. Das müssen sich aber auch die Partner des alten Menschen sagen, um damit möglichst den Schock zu vermeiden. Manchmal ist er allerdings auch nicht zu umgehen.

Dem Schock folgt, wenn es noch irgend möglich ist, eine heftige Gegenwehr, eine Aggressionsphase und der Selbstbestätigungsversuch des alten Menschen, der auf den Beweis angelegt ist, daß es noch nicht so weit ist. In seltenen Fällen führt das zu einer nochmaligen Belebung des ganzen Menschen, wie wenn er aus dem Schlaf ruckartig aufgeweckt worden wäre. Bei den meisten Menschen läßt die geweckte Energie schnell wieder nach und weicht einer allgemeinen Trauer oder sogar Depression, die ohne jedes Vertrauen in die Umwelt ist. Diese Depression kann dazu führen, alle bis dahin geliebten Menschen als schlechte Charaktere anzusehen, denen nur Böses zuzutrauen ist. Das kann bis zum Streik, bis zu totaler Einigelung führen. Kann natürlich auch alles ganz harmonisch verlaufen, so soll hier weniger auf die selbstverständlichen als auf die kritischen Momente eingegangen werden. Man muß hoffen, daß auch der Durchgang durch problematische Phasen letztlich zur Zustimmung, zum Einverständnis führt, wenn auch ein mehr oder weniger starker Verdruß im Gefühlsleben noch abgebaut werden muß, bis die Bejahung in vollem Maße eintreten wird. Oft entwickelt sie sich erst im Heim, manchmal erst nach längerer Zeit. Aber es müssen alle daran mitarbeiten, daß diese Bejahung möglich wird und Freude in die Seele einziehen kann. Der Übergang von der erklärten Anerkennung zur gänzlichen Ergebenheit in diesen biographisch so einschneidenden Vorgang ist von großem Einfluß auf den weiteren Verlauf des Lebens.

35

Was ist die Ursache für die hier angesprochenen Schwierigkeiten? Der alternde Mensch hat sich gewohnheitsmäßig mit seinem Leib verbunden: Haus, Wohnung, Möbel, Bilder, Auto, Freundeskreis, Geld usw. Er weiß, daß er eines Tages aufgeben muß, daß er auf einen Teil dieser Dinge wird verzichten müssen. Er will es nicht gern. Es schmerzt. Es ist ein Problem des Ich, das sich durch seine Seele zu sehr mit dem Körperleben und dem Besitz verbunden hat. Da zeigt sich die Wurzel unseres Egoismus. Wir können aber bemerken, daß es eine christliche Übung ist, diesen Verzicht zu leisten. Geübter Verzicht setzt schöpferische Kräfte frei, die gebunden waren. Zu diesen gehören auch die Vertrauens- und Glaubenskräfte. Es kann einem in solchen Augenblicken der Materialismus des eigenen Wesens mit aller Deutlichkeit vor Augen treten, und ohne Ausnahme hat jeder Mensch heute damit zu kämpfen. Die befreite Kraft aber verbindet mit dem Lebensstrom, der in die Zukunft führt. Und zudem kann man sich auch sagen: Der im Leben erworbene Glaube, die Verbindung mit dem göttlichen Geist macht die Aufgabe leicht, zu verzichten.

Dem Schock steht eine erübte Fähigkeit gegenüber, die es leicht macht, ihn zu überwinden, oder die von vornherein dafür sorgt, daß er gar nicht erst auftritt. Diese Fähigkeit wird geübt, indem man sich im Leben vergleichsweise so verhält wie der heilige Sebastian bei seinem Martyrium, als er an eine Säule gebunden wurde. Er konnte alle Pfeile, die auf ihn abgeschossen wurden, wie eine Hilfe erleben, Willen und Wesen Gottes immer näher zu kommen. So sollte der Christ sich eigentlich den Prüfungen seines Lebens gegenüber verhalten. Das ist nicht leicht, aber die ständige Übung macht auch auf diesem Feld den Meister und bereitet gerade das vor, was im Alter angenommen werden sollte.

Die Trauer entsteht, weil man selbst sich des unausweichlichen »Du mußt sterben, Du mußt scheiden« gefühlsmäßig bewußt wird. Die Anerkennung dieses »Der Tod wartet auf Dich« ist notwendig, will man menschenwürdig durch ihn hindurchgehen. Macht man die umgekehrte Geste und schließt sich dem Tod gegenüber nicht bejahend auf, sondern »igelt« sich vielmehr ein, so verhält man sich nicht ganz menschengemäß. Man verhält sich so wie Tiere sich verhalten in dem Augenblick, in dem sie den Tod nahen fühlen: Sie verkriechen sich.

Der Trauer, die sicher jeden Menschen befällt, wenn er endgültig feststellt, daß er dem Lebensende entgegengeht, kann ein entsagungsvoller Ernst folgen, der nicht ohne Humor und Heiterkeit sein muß. Dieser Ernst führt dann zu einer noch bewußteren Einkehr und willentlichen Vorbereitung durch Gebet und Meditation, durch die Liebe zum Gottesdienst, zum Hingehen auf die große Schwelle des Lebens, die ihr kleineres Abbild in der Türschwelle zum Altenheim haben kann. Dieses wird dann nicht zur gefürchteten »Endstation«, sondern zur aussichtsreichen, hoffnungsbelebten »Grenzstation«, von der aus das zukünftige Leben schon geahnt oder gar wahrgenommen werden kann.

Die Frage, ob ein Altenheim allen Erwartungen entsprechen kann, ist wohl ziemlich klar mit »Nein« zu beantworten. Aber es gibt schon Häuser, die sehr viele Möglichkeiten bieten, die ein versorgtes und menschenwürdiges Leben im Alter zu führen erlauben.

Dennoch muß man eine große Vorfrage bewältigen: Ist es nicht richtiger, in der eigenen Familie zu bleiben? Was dabei zu bedenken ist, soll in der Form eines Katalogs festgehalten werden:

1. Kann es nicht auch ein Segen für die Familie sein, wenn der Großvater oder die Großmutter in der Familie bleibt? Die erwachsenen Kinder und Enkelkinder können dann ganz selbstverständlich alle Phasen dieses biographischen Abschnitts mit seinen schönen, aber auch mit seinen Ehrfurcht gebietenden schweren Seiten miterleben.
2. Kommt man mit diesen Überlegungen zu dem Ergebnis: Es wäre gut, wenn der alt gewordene Mensch in der Familie bleibt, so muß man sich die Frage vorlegen, ob die Wohnung groß genug ist. Es muß genügend Raum vorhanden sein. Als älterer Mensch braucht man sein eigenes Reich. Man will und darf das Familienleben nicht ständig mit seiner Gegenwart belasten.

3. Ist das Familienleben intakt und stark genug, um das Mitleben einer Großmutter oder eines Großvaters zu verkraften? Es hängt sehr viel davon ab, ob der alte Mensch auch genügend Zuwendung von der Familie bekommen kann, oder ob er in solchem Zusammenleben schließlich noch einsamer ist als in einem Heim.

4. Es muß auch von allen Beteiligten abgeschätzt werden, ob im Krankheitsfall eine ausreichende Pflege geleistet werden kann. Der alte Mensch darf sich nicht den Vorwurf machen müssen: Jetzt falle ich allen zur Last. Die gesunden Mitglieder der Familie werden auch nicht gerade froh sein, wenn sie es gerade eben schaffen, das Essen hinzustellen und für Sauberkeit zu sorgen. Wenn sich alle völlig überfordert fühlen, bemerkt es der alte Mensch bestimmt und hat es entsprechend schwer. Gegenüber diesen Aufgaben überschätzen sich die Familien oft. Es kann die Überlastung zu einem völligen Zusammenbruch führen, vor allem seelisch, wenn man keinen Kontakt mehr hat. Der Umgangston wird härter, er vergrößert die innere Distanz. Körperlich kommt es zum Zusammenbruch, wenn das Leidensmaß aller zu groß wird und die Kräfteüberforderung zur Überspannung geführt hat. Kinder können durch ihr lebhaftes Wesen die Empfindsamkeit und Reizbarkeit des Altwerdenden leicht überfordern.

5. Übernimmt man die Mühe und Arbeit nur aus Pflichtgefühl oder gar wegen des Geldes?

6. Viele alte Menschen wollen sich heute die Zuwendung und den Verbleib in der Familie mit dem Appell an Liebe und Pflicht erkaufen; andere winken mit Geld oder einem gewissen Erbe. Das geht nicht; das kann man anständigerweise nicht machen. Man schafft eine unfreie Situation.

7. Eine andere wichtige Frage ist ebenfalls zu bedenken: Wie kann ich es finanziell einrichten?

Das soziale Leben in der Bundesrepublik ist heute so geordnet, daß jeder einen Altenheimplatz bekommen kann, der dessen bedarf. Die Sozialhilfegesetzgebung hat die Voraussetzungen dafür geschaffen. Derjenige, der eine nicht ausreichende Rente bekommt, erhält nach dem Bundes-Sozialhilfegesetz einen Zuschuß, mit dem die Kosten für das Altenheim und ein »Taschengeld« abgedeckt sind. Für manchen besteht eine psychische Hemmschwelle, die Sozialhilfe in Anspruch zu nehmen. Man muß sich immer wieder sagen: Es ist keine Schande, sie anzunehmen. Man hat selbst durch eigene Arbeit mitgeholfen, mit dem Steueranteil des Entgelts, der für Altersversorgung vorgesehen ist, anderen Menschen einen Platz im Altenheim zu schaffen. Jetzt darf man, was andere zu diesem Zweck an Steuern zahlen, getrost in Anspruch nehmen. Man ist dadurch niemandem verpflichtet, keinem Menschen gegenüber, auch keiner staatlichen Stelle gegenüber. Das Annehmen ist weder Schande noch Entwürdigung. Natürlich darf diese Möglichkeit nicht in die Gesinnung umschlagen, daß man auf jeden Fall den Staat ausnutzen muß. Diese Haltung führt letzten Endes zur Korruption.

Hat man eine genügend hohe Pension oder Rente oder gar ein Vermögen, so ist man »Selbstzahler«. Es ist nicht zu bereuen, wenn ein Vermögen langsam kleiner oder aufgebraucht wird. Die Versorgung und der Unterhalt der Familienangehörigen ist im allgemeinen garantiert. Sind sie einmal in Not, sind andere da, die helfen.

Wenden wir uns der Frage zu, ob und welche Gründe es in der eigenen Biographie gibt, die den Schritt ins Altenheim sinnvoll erscheinen lassen. Der primäre Grund liegt wohl in der Tatsache, daß man schmerzlich aber deutlich bemerken muß, man kann sich nicht mehr in ausreichendem Maße selbst versorgen. Aber es gibt auch seelische Gründe: vor allem den der Einsamkeit. Einsamkeit ist eine im gesellschaftlichen Leben unserer Zeit um sich greifende Gefahr für das Leben der alternden Menschen. Sie führt zu Krankheit, zu Unterernährung oder zu völliger Abstumpfung. Sie wird daher zunehmend zu einer Bewußtseinsfrage für die unmittelbar anwohnenden Menschen, welche Beziehung sie auch zu dem alten Menschen haben, und für die Familie.

Sozialstationen versuchen Abhilfe zu schaffen, aber sie können nicht leisten, was geleistet werden müßte. Bei aller Würdigung des Einsatzes muß man dies eingestehen. Es geht aber schon gar nicht an, das Problem mit einem Fernsehapparat lösen zu wollen. Er schafft Illusionen, aber über die Einsamkeit hilft er nicht hinweg. Er zerstört mit seiner Strahlung allenfalls die physiologischen Grundlagen eines annähernd gesunden Seelenlebens. Hier lauert eine noch weitgehend unerkannte Gefahr für den alten Menschen. Das einzige, was Einsamkeit überwindet, ist menschliche Zuwendung.

Der Entschluß zur Umsiedlung in ein Altenheim kann biographisch aber auch noch aus einer anderen Perspektive angeraten sein. Wir müssen uns klar machen, welche Bedeutung Besitz, Eigentum und Vermögen für uns haben, sowohl für das Auskommen im Leben als auch für die psychische und schicksalsmäßige Belastung. Es ist eine Erfahrung, daß die schrittweise Lösung von dem, was man im Erdenleben physisch mit sich verbunden hat, um so heilsamer für Seele und Geist ist, je bewußter und energischer sie geschieht. Es ist erstaunlich, wie wenig während des Lebens bemerkt wird, wie belastend Vermögen, Besitz und Eigentum für Seele und Geist sein können. Die Mönche waren sich dessen völlig bewußt. Sie gelobten Armut, weil sie alle Kräfte frei haben wollten für Arbeit und Gebet, damit sie dem Geist Gottes in der richtigen Weise dienen können. Ein alternder Mensch ist in einer ähnlichen Lage. Das Klammern an die irdischen Verhältnisse kann schwerwiegende Folgen haben. Es verhindert oft jede Beziehung zur göttlichen Welt. Aus diesem Grunde ist es gesund, wenn man seinen physischen Umkreis verkleinert. Die alte Dame z. B., die allein in einer Fünfzimmerwohnung lebt, kann deren Ordnung und Durchseelung in den meisten Fällen nicht mehr aufrecht erhalten und muß andere heranziehen, die ihr überflüssigerweise diese Arbeit abnehmen. Sie schafft zudem auch eine groteske soziale Situation. Wie froh wären junge Familien, wenn sie eine solche Wohnung hätten. Ebenso ist es gut, wenn man Nützliches, das man selbst nicht mehr gebraucht, anderen übergibt. Verschenken-

Können ist eine großartige Tugend. Man kommt mit immer weniger aus. Das rechtzeitige Abmelden des Autos gehört auch dazu.

Viele Menschen schieben vor, sie müßten, wenn sie in ein Altenheim übersiedeln, ihre menschlichen Beziehungen aufgeben, die ein Leben lang gewachsen sind. Diese sind für sie ein tragendes Element im Alter. Bedenkt man aber auch, daß gerade solche Beziehungen den alternden Menschen von seinen inneren Aufgaben, von der Einkehr, abhalten können? Selbstfindung im Alter gehört zu den dringenden Notwendigkeiten. Ablenkungen und Zerstreuungen im Übermaß ist der alte Mensch oft gar nicht mehr gewachsen. Einkehr ist dem Alternden in einem Altenheim oft viel eher möglich. Es nähert sich das Leben in einem Altenheim bei aller Weltoffenheit und ungezwungenen Art des Hauses doch ein wenig dem klösterlichen Leben oder einer verlängerten Exerzitienzeit mit vielen wohltuenden Auflockerungen.

Von diesen Gesichtspunkten aus ist eine Umsiedlung in ein Altenheim unter Umständen eine dringende Notwendigkeit oder ein biographisch hilfreiches Ereignis.

Zuletzt noch die Frage, ob es auch Gründe außerhalb des persönlichen Lebens gibt, die es sinnvoll erscheinen lassen, in ein Altenheim zu ziehen: Menschen, die sich ihrem Schicksal entsprechend vom irdischen Leben lösen und ihrer himmlischen Heimat entgegenleben, können auf Erden ein geistiges Zentrum schaffen, durch das die Wesen der übersinnlichen Welt, Verstorbene, Ungeborene und die hierarchischen Wesen des Himmels, mit der Erdenwelt in eine besonders starke Verbindung treten. Das kann eine tiefe Bedeutung für die Gemeinschaft alter Menschen haben, aber auch für die ganze soziale Gemeinschaft im weiteren Umkreis. Menschen, die heute Erkenntnisarbeit leisten, die sich auf das Einwirken geistiger Wesen in die irdischen Verhältnisse bezieht, öffnen sich dem Geist. Menschen, die beten und ein intensives kultisch-religiöses Leben führen und sich dabei der Wandlungskraft des Christus bewußt werden, durchdringen das soziale Leben der Menschheit mit schöpferischen Geisteskräften. Das kommt insbesondere der im Leben tätigen Generation und den

Kindern zugute, wenn auch nicht auf direkte, sondern auf indirekte Weise. Sie können eine geistige Brücke bauen, die es den Sterbenden ermöglicht, den Weg in das nachtodliche Reich zu finden. Ihre zum Himmel steigenden Geisteskräfte werden den Ungeborenen Mut machen, den Weg zur Erde anzutreten, auch wenn hier die Lebensverhältnisse immer schwieriger werden. In dem Augenblick, in dem wir die Erdenwelt verlassen, begegnen wir den zur Erde herabsteigenden Menschenseelen. Wir verbreiten in ihrer Umgebung Mut oder Trauer, je nachdem, wie wir im Erdenleben gelebt haben. Aber sie schauen auch auf die Erde herunter, und dann ist es für sie ein wahrer Lichtblick, wenn sie Erdenworte vom Geist aus wahrnehmen können, über die das Zusammenwirken überirdischer Wesen mit Erdenmenschen möglich ist.

Dies sind nur einige Gedanken, die dem, der in bezug auf das äußere Leben die Hände in den Schoß legen muß, zeigen können, wie groß seine Möglichkeiten sind, wie viel gerade er mit anderen alten Menschen zusammen leisten kann, wenn es um die geistige Gesundung unseres sozialen Lebens geht.

Es soll ein Beispiel für die große Kraft angefügt werden, die das geistige Bemühen, getragen von einer starken Glaubenskraft, haben kann:

»In derselben Zeit machte sich Herodes, der König, ans Werk, über einige Persönlichkeiten aus der Gemeinde Unheil heraufzubeschwören. Jakobus, den Bruder des Johannes, tötete er mit dem Schwert. Und als er sah, daß er damit das Wohlgefallen der Juden erregte, fuhr er fort und nahm Petrus gefangen. Es waren gerade die Tage der ungesäuerten Brote, da ließ er ihn ergreifen und in den Kerker werfen, wo er ihn vier Abteilungen von je vier Soldaten zur Bewachung übergab. Nach dem Passahfeste wollte er ihn dem Volke vorführen.

Während nun Petrus im Kerker gefangen war, sandte die Gemeinde unablässig Gebete für ihn zur göttlichen Welt empor. In der Nacht, als die öffentliche Vorführung durch Herodes unmittelbar bevorstand, mußte Petrus, mit doppelten Ketten gefesselt, zwischen zwei Soldaten schlafen. Vor der Türe waren Wächter aufgestellt, die den Kerker bewachten. Und siehe, da stand auf einmal der Engel des Herrn vor ihm, und helles Licht erleuchtete das Gemach. Der Engel stieß Petrus in die Seite, weckte ihn und sprach: Stehe in Eile auf! Und seine Ketten fielen ihm von den Händen. Da sprach der Engel zu ihm: Umgürte dich und zieh deine Schuhe an! Und er tat es. Da fuhr der Engel fort: Hülle dich in deinen Mantel und folge mir! Und er folgte ihm aus dem Gemach. Aber er wußte nicht, daß das, was der Engel tat, Wirklichkeit war. Er glaubte, es sei ein bloßes Bild-Erleben. Nachdem sie durch die erste und die zweite Wache hindurchgeschritten waren, kamen sie an das eherne Tor, das zur Stadt führte. Es tat sich von selbst vor ihnen auf; sie kamen ins Freie und gingen in eine Straße hinein. Da verschwand plötzlich der Engel vor ihm. Und als Petrus wieder zu sich kam, sprach er: Jetzt weiß ich, daß der Herr wirklich seinen Engel gesandt hat, um mich aus der Gewalt des Herodes zu befreien und aus allen Gefahren, die mir vom jüdischen Volke her drohen.

Und als er sich umschaute, stand er gerade vor dem Hause der Maria, der Mutter des Johannes, der den Beinamen Markus hatte. In diesem Hause waren zahlreiche Menschen versammelt und beteten. Er klopfte an das Tor der Vorhalle, und eine Magd namens Rhode kam, um zu horchen. Als sie die Stimme des Petrus erkannte, vergaß sie vor Freude, das Tor zu öffnen, lief in das Haus und verkündete, Petrus stehe vor der Türe. Sie erwiderten ihr jedoch: Du bist nicht bei Sinnen. Aber sie beteuerte von neuem, daß es wirklich so sei. Sie sprachen: Es ist sein Engel. Petrus fuhr fort, an das Tor zu klopfen. Als sie ihm schließlich aufmachten, gerieten sie durch seinen Anblick außer sich. Da winkte er ihnen mit der Hand zu schweigen und erzählte, wie der Herr ihn aus dem Kerker herausgeführt habe. Und er fügte hinzu: Berichtet das Jakobus und den Brüdern! Dann ging er hinaus und zog an einen anderen Ort.

Als der Tag anbrach, herrschte unter den Soldaten eine große Verwirrung. Sie wußten nicht, was mit Petrus geschehen war. Herodes ließ nach ihm suchen, aber man fand ihn nicht. Nachdem er die Wachen verhört hatte, befahl er zum Aufbruch zu rüsten. Und er zog von Judäa hinab nach Cäsarea und hielt sich dort auf.«

(Apostelgeschichte des Lukas, Kap. 12)

Wie groß muß unser Bemühen sein, wenn wir ganz anfänglich eine solche Kraft entwickeln wollen, die für unsere Zeit so dringend nötig ist. Wie oft erleben wir unseren Nachbarn, unseren Freund, ja den geliebten Weggenossen in der Gefangenschaft der Kräfte des Leibes. Nur selten verstehen wir in unserer Zeit, welche Leiden damit verbunden sind, wie sehr der »Nächste« auf unsere Hilfe – vor allem die geistige – angewiesen ist.

Ein Altenheim kann, wenn die Menschen, die es bewohnen, die es leiten und betreuen, sich dessen bewußt werden, der Ort sein, an dem eine geistige Macht auf Erden begründet wird, die in die Zukunft weist, die den Tod überwinden hilft.

Vielleicht können wir eines Tages mit Paulus sagen:

»Tod, wo ist dein Stachel;
Hölle, wo ist dein Sieg?«

Umgang mit Besitz und Vermögen im Alter

Im Laufe unseres Lebens sammeln wir alle einen mehr oder weniger großen Besitz oder ein Vermögen an. Stolz und Zufriedenheit tritt ein, wenn man vorweisen kann, was man geschaffen hat; und zugleich fühlt man eine große Verantwortung, vor allem dann, wenn andere Menschen in den Prozeß des Zustandekommens von Besitz und Vermögen eingebunden sind. Im Älterwerden jedoch bemerkt man viele damit verbundene Probleme:

- Wie lange kann ich das erworbene Gut verwalten und sinnvoll nutzen oder einsetzen?
- Welche Auswirkungen haben Besitz und Vermögen auf die innere, die christliche Entwicklung meiner Seele, der ich den Besitz oder das Vermögen erworben habe, und auf die Seele derer, die an diesem Besitz oder Vermögen direkten oder indirekten Anteil haben?
- Welche Wege geht dieser Besitz bzw. dieses Vermögen nach meinem Tod?
- Sind die Erben in der Lage, den Besitz oder das Vermögen in einem sozial gerechtfertigten Sinn zu übernehmen und einzusetzen?
- Ist die Erbschaft eine Belastung für den Erben, dessen Schicksal nach eigenen individuellen Gesetzen verläuft?
- Kann eine nicht im rechten Sinne verwaltete Erbschaft zu einer Belastung für die Gemeinschaft werden?

Es handelt sich um einen Lebensbereich, der traditionsgemäß in einer ganz persönlichen Sphäre angesiedelt wird. Wir empfinden, daß das unsere ureigenste, intimste Angelegenheit ist. Kein anderer Mensch ist berechtigt, in diese persönlichste Sphäre hineinzuschauen oder hineinzudenken.

Viel Unglück entsteht auf diesem Feld, heute mehr als in vergangenen Zeiten, weil nicht richtig vorgedacht und die geistig-seelische Kraft der Erben nicht richtig eingeschätzt wird. In Zukunft wird immer deutlicher werden, daß eine nicht ausreichende Umsicht auf diesem Feld große Schäden hervorrufen kann, und zwar sowohl im individuellen Schicksal als auch im Leben der Gemeinschaft. Vielfach bestimmt eine falsch verstandene »Fürsorge« das Erbgeschehen. Damit verbundene Fragen, die auf die Moralität der Gemeinschaft großen Einfluß haben, müssen von einigen mutigen Menschen heute schon bewältigt werden; es müssen Keime einer neuen christlich-sozialen Moralität veranlagt werden.

In zunehmendem Maße kann beobachtet werden, daß Besitz und Vermögen zu einer Belastung und damit zu einem Verhängnis – gerade für alte Menschen – werden kann. Sollte es nicht eine Zeitforderung sein, daß Menschengruppen sich finden, bestehend aus Juristen, Kaufleuten und Seelsorgern, die bei offenen Fragen eine selbstlose Beratung übernehmen, um damit den alten Menschen zu helfen, ihren Besitz zu Lebzeiten so zur Wirksamkeit zu bringen, daß es in ihrem eigenen Interesse und im Interesse der Gemeinschaft zu heilsamen Entwicklungen führen kann?

Die Menschen, die eine solche Beratung übernehmen, sollten dies in einem ganz uneigennützigen, aber dennoch qualifizierten Sinne tun. Sie sollten aber auch vertraut sein mit der Frage, wo finanzielle Mittel zur Förderung und Gesundung des sozialen Lebens heute fruchtbar eingesetzt werden können. Der alte Mensch braucht das Erlebnis: Mit dem, was ich weitergebe, wird eine für die Zukunft und die Gemeinschaft der Menschen wichtige Aufgabe erfüllt. Diese kann auch im familiären Bereich liegen.

»Heilsam ist nur,
   wenn im Spiegel der Menschenseele
   sich bildet die ganze Gemeinschaft.
   Und in der Gemeinschaft
   lebet der Einzelseele Kraft.«
   (Motto der Sozialethik Rudolf Steiners)

Verhältnis von Leben und Bewußtsein

Am Anfang des Lebens ist das Kind so gut wie unbewußt. All seine Lebensvorgänge werden mehr von einem instinktiven Antrieb geleitet als von dem bewußten, denkenden Wesen des Menschen. Das Bewußtsein nimmt kontinuierlich bis in die große Epoche des mittleren Lebens zu. Die Lebensvorgänge, die am Anfang alle leiblichen Vorgänge dominieren, treten immer mehr zurück, auch über die Lebensmitte hinaus. In der zweiten Lebenshälfte wird das deutlicher und deutlicher. Es müssen aber die Lebenskurve und die Bewußtseinskurve nicht gegenläufig sein, sondern das Bewußtsein kann auch mit dem abnehmenden Leben vergehen. Damit das nicht geschieht, bedarf es von der Lebensmitte an einer besonderen Mühe. Man muß sich entschließen, weiter zu lernen, das Bewußtsein zu schulen, künstlerisch und religiös zu üben, denn die sich vom Leib wieder lösenden Lebens-, Seelen-, Geisteskräfte dürfen nicht in Verwesung übergehen. Sie können – vom Ich zur Aktivität aufgerufen – ganz besonders große Kraft entfalten, die das soziale Leben in besonderer Weise zum Positiven hin verwandeln kann. Verwesende Kräfte des Geistes, der Seele und des Lebens wirken im sozialen Bereich zerstörend.

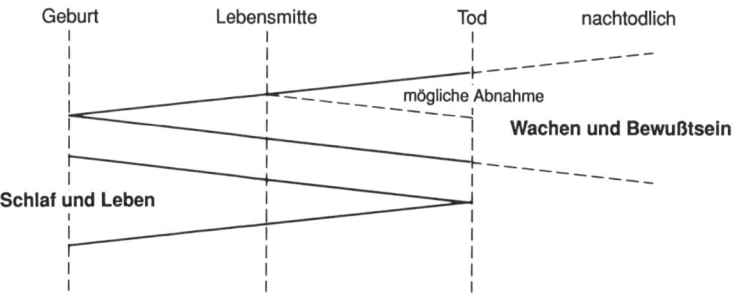

47

Wenn das Bewußtsein des alt werdenden Menschen sich kontinuierlich steigert, obgleich die vitalen Prozesse sich immer mehr vom Leib lösen, kann eine Steigerung des Bewußtseins über den Tod hinaus durchaus möglich erscheinen. Die Berichte, die Kübler-Ross und Moody veröffentlicht haben, bestätigen diese These. Menschen, die schon klinisch tot waren und wiederbelebt worden sind, berichten einhellig und übereinstimmend von einer großen Bewußtseinserweiterung nach dem Tod.

Die Anthroposophie Rudolf Steiners bestätigt diese Erfahrungen nicht nur, sondern zeigt auch, in welcher Form sich die Bewußtseinsentwicklung nach dem Tode vollzieht.

Nach einem ersten großen Aufatmen im geistigen Licht beginnt die erinnernde Rückschau auf das ganze Leben, vom Tod rückwärts bis etwa zum dritten Lebensjahr des Menschen, dem Zeitpunkt, zu dem das Ich-Bewußtsein erwacht. Der Rückschau folgt eine Bewußtseinsphase, in der sich der Mensch über den Wert und Unwert seiner Taten aufklärt. Er leidet an seinem Fehlverhalten und entwickelt die Sehnsucht, ja den Willen zu einem Ausgleich. Mit der dritten Phase wird dann das Bewußtsein immer mehr in den ganzen Zusammenhang des geistigen Kosmos aufgenommen. Dieses Bewußtsein schwindet erst wieder, wenn der Mensch sich auf den Weg zu einer neuen Geburt begibt. In seinem Buch »Theosophie« gibt Rudolf Steiner eine bis ins Detail gehende Schilderung dieser Bewußtseinsvorgänge.

Mit dieser Frage der Bewußtseinserweiterung ist eine andere tief verbunden, nämlich die Frage nach der Wiedergeburt. »Wiedergeburt« darf nicht verwechselt werden mit der »Wiederverkörperung«. Wiedergeburt beschreibt das Erwachen der Seele für die Welt des ewigen Lebens, des überzeitlichen Geistes. Es ist das Thema, das im dritten Kapitel des Johannes-Evangeliums, im Gespräch zwischen Nikodemus und Jesus zur Sprache kommt. Das Gespräch gipfelt in den Worten des Christus Jesus: »Ja, ich sage dies: Wer nicht die Wiedergeburt erfährt aus den lebendigen Kräften des Wassers und aus dem wehenden Wind des Geistes, kann das Reich Gottes nicht schauen.« (Joh. 3, 5)

Geburt und Tod

Die Beobachtungen, die wir bei dem Hereinleben des Kindes in diese Welt nach seiner Geburt machen können, ergänzen sich spiegelbildlich um die Beobachtungen, die wir beim langsamen Sich-Entkörpern des Menschen im hohen Alter machen. Der Anfang ist das Einatmen des ersten Atemzuges. Er hat zu seinem Spiegelbild das Ausatmen des letzten Atemzuges, das zugleich das Aushauchen der lebendigen Seele ist.

Das Neugeborene ist in der ersten Zeit nach seiner Geburt fast ausschließlich mit der Ernährung beschäftigt. Sein Ernährungsbedürfnis ist noch ganz der Mutter zugewandt und damit Nährstoffen, die schon durch einen Prozeß der Vermenschlichung gegangen sind. Menschliche Nährsubstanz ist der Natur am weitesten entzogener Nährstoff, weil er von seelischen und geistigen Kräften der Mutter durchdrungen ist.

Die erste Abwendung von der Mutter und Hinwendung zur Welt ist mit dem Ergreifen des Raumes verbunden. Es zeigt sich dieses Ergreifen als ein Willensvorgang, in den sich das Wesen des Menschen einlebt. Der erste Erfolg wird in der Fähigkeit des Kindes anschaulich, die Augachsen zu kreuzen und ein Ziel anzuschauen, zu fixieren. Dann beginnt das Greifen der Hände, die zunächst sich selbst suchen und dann auch in die Umwelt greifen, Gegenstände erfassen. Man muß das Kind beobachten, um zu sehen, wie schwierig das ist. Sehr bald führt es die Gegenstände auf seinen Mund zu. Man kann schon in der Embryonalphase sehen, wie Mund und Hand aufeinander zu organisiert werden. Jetzt kommt diese Bewegung des Wachstums zu einer innerlichen Erfüllung. Es ist gewissermaßen ein tieferes Verbinden mit dem Räumlichen, dem Gegenständlichen in der Welt. Als nächstes werden Kopf und Oberkörper aufgerichtet. Auch das erfordert viel Übung. Die Krabbelphase dient vor allem der Stärkung der Rückenmuskulatur, die im weiteren Schritt zum Aufrichten des Körpers in die Vertikale benötigt wird. Dann folgt das Gehenlernen, zunächst nur nach vorne. Die seitwärts ausgerichtete Bewegung tritt erst sehr viel später ein, und zu allerletzt das Rückwärtsgehen. Das ganze Geschehen ist eine erste Bewegung des Ich durch die verschiedenen Organbereiche des Menschen von oben nach unten – wenn man den zunächst noch liegenden Kopf schon als das präformierte »Oben« bezeichnen darf: Es ist dem Wesen nach der »obere Pol« des Menschen.

Schon im Verlauf der Raumeroberungsphase beginnt eine zweite Bemühung des Menschen. Es ist das Streben nach Ausdrucksfähigkeit, des Seelen-Innern durch den Körper. Sie zeigt sich zuerst in der Mimik des Gesichts, dann in den ersten Gesten der Hände, die ausdrücken, was das Kind will; schließlich in »Lauten« und erst danach im Sprechen. Hiermit wird das rechte Darinnenstehen in der sozialen Umgebung angebahnt und zunehmend erreicht. Wieder eine Bewegung von oben nach unten, die eigentlich im mittleren Menschen, im Bereich der Atemtätigkeit und des Herzens zum Abschluß kommt.

Die dritte Eroberung des Menschen bezieht sich auf das Ergreifen der in der Welt verborgenen Gesetzmäßigkeiten. Es werden erste Begriffe im Denken gebildet: Heiß und kalt, nah und fern, groß und klein, weich und hart werden begreifend im Denken erfaßt, und diese Begriffe werden um täglich neu erworbene zum ganzen Begriffsnetz erweitert, das in der denkenden Individualität zur Erscheinung kommt.

Im Gegensatz zur Raumorientierung und Ausdrucksfähigkeit ist das Denken physiologisch nur auf das Haupt beschränkt. Wenn es menschengemäß zugeht, hört diese Tätigkeit bis ins Alter nicht auf, auch wenn es für den alternden Menschen zunehmend schwerer wird, neue Begriffe an die erworbenen anzuknüpfen. Von einem bestimmten Alter an läßt nämlich das natürliche Bedürfnis in dieser Hinsicht nach. Bei vielen Menschen hat man es daher nur noch mit der Wiederholung eines schablonisierten Begriffssystems zu tun, das kaum noch wandlungsfähig ist. Für die Umwelt kann das manche Qual und Peinlichkeit hervorrufen. Um so begeisternder ist es, wenn man an einem alten Menschen denkende Lebendigkeit erlebt. Man kann darin den Einsatz des starken Ich bemerken. Auch das Gedächtnis läßt bei alten Menschen nach. Das Gedächtnis ist die andere Seite der Denkfähigkeit. Sie möchte auf die Erinnerungswelt zurückgreifen und kann es dann nicht mehr in genügender Stärke. Es kann aber auch sein, daß die Griffigkeit des Denkens in Erdangelegenheiten abgelöst wird von einer weisheitsvollen Überschau, von einem Leben in Ideen. Auch im Gebrauch der Sprache zeigt sich das Altwerden. Die Stimme wird brüchig. Der alte Mensch schweigt auch lieber. Das Gegenteil gibt es natürlich auch, aber das ist dann mehr eine Art Ausfließen der Sprache, die vom Menschen nicht mehr beherrscht wird. Da ist die Sprachfähigkeit dem Menschen entglitten, und dieser Prozeß kann sich so weit verselbständigen, daß der sterbende Mensch in einem völlig mechanisierten Lallen redet. Das Nicht-mehr-Gehorchen der Stimme und der Sprachwerkzeuge ist ein ganz natürlicher Vorgang. Auch da bewundern wir den Menschen, der sich seine Sprachfähigkeit bis ins höchste Alter bewahrt, weil wir anschaulich demonstriert bekommen, daß durch Übung, die das Ich im Sprechen vollführt, dieses in der Sprachkraft verbleiben kann und sie sich als ein an-geeignetes Gut bewahrt.

Wir können auch bemerken, daß Gestik und Mimik des Menschen nachlassen, ja letztere wie zu einer Maske erstarrt; und man ist oft erstaunt, welch reiche seelische Bewegung im Hintergrund dieser Maske stattfindet, wenn der Mensch mit seinen Worten zum Ausdruck bringen kann, was in ihm vorgegangen ist, während man in der Maske des Gesichts keine Regung bemerkt hat.

Schließlich sehen wir, wie der Mensch zuerst in seinen Füßen unsicher wird. Es reicht seine Wahrnehmungsfähigkeit nicht mehr aus, die Füße richtig zu setzen. Der Erfolg, oder besser gesagt der Mißerfolg kann dann der viel beklagte Oberschenkelhalsbruch sein, der auch bei nur leichtem Hinfallen sehr schnell eintreten kann.

Das zunehmende Bedürfnis zu sitzen, ist der letzte Schritt der Regression in bezug auf den Raum. Diese steigert sich so, daß der alte Mensch dann gar nicht mehr gehen und laufen kann, auch nicht mehr mit dem Stock, der ihm noch eine Zeitlang Sicherheit gegeben hat. Der Alternde muß dann gefahren werden. – Der Weg geht eindeutig vom Gehen und Stehen über das Sitzen zurück zum Liegen. Damit ist das Verhältnis zur räumlichen Umgebung, das man sich als Kind erobert hat, wieder verlassen. Der Mensch bewahrt es noch in seinen Vorstellungen.

Beim alten Menschen verändert sich auch die Ernährung. Der Säugling gewöhnt sich erst an die Erdennahrung, der alte Mensch entwöhnt sich ihrer langsam. Deshalb bedarf er einer besonderen Fürsorge bezüglich der Diät. Wenn man die verschiedenen Bedürfnisse der in einem Altenheim versammelten Menschen wahrnimmt, ist man erstaunt, wie lange sich Eßgewohnheiten fortsetzen können. Aber zwei Beobachtungen sind ganz auffällig: Es wird immer weniger, was die alten Menschen verzehren wollen und können, selbst, wenn das Verlangen zunächst noch größer ist als das Vermögen. Zum anderen wird nach immer leichterer Kost verlangt, und vielfach bekommt dem Menschen wie den kleinen Kindern Brei oder Spinat am besten. »Das Land, wo Milch und Honig fließen«, scheint den alten Menschen ganz nahe.

Den Genuß eines Gläschen Weins oder eines Glases Bier sollte man alten Menschen nicht verwehren. Auch dieses Bedürfnis läßt erstaunlich nach, wenn der Mensch nicht dem Trieb verfallen ist. Man tut also gut daran, dem alten und sterbenden Menschen bei diesen Lebensprozessen zu helfen. Vor allem kommt es darauf an, daß man ihm die Nahrung besonders schön zubereitet und ihm beim Essen auch ein wenig hilft, wenn es notwendig ist. Darin liegt die Vermenschlichung des Ernährungsvorgangs im Alter, die bei der Muttermilch physiologisch vorliegt.

Auf jeden Fall sollten wir nie versäumen, mit dem alten Menschen vor dem Essen ein Gebet zu sprechen, ob er nun bettlägerig ist oder noch aufstehen und mit anderen zu Tisch essen kann. Das Gebet ist ein Anschluß der Nahrung an die kosmischen Kräfte, die im Menschen die Verdauung bewirken, und also eine Stärkung, aber auch eine Heiligung des Ernährungsvorgangs.

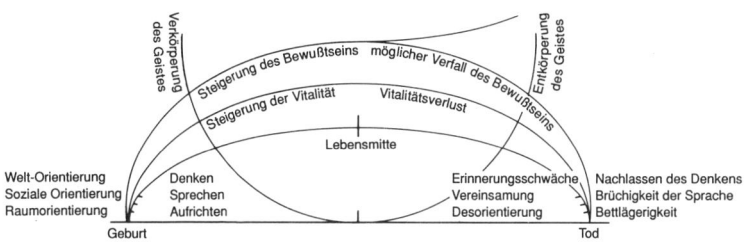

So können wir in der Exkarnationsphase all die Vorgänge der Inkarnation in der frühen Kindheit gespiegelt sehen. Der Weg der Entkörperung des unsichtbaren Menschen geht von den Füßen aus und steigt langsam durch den ganzen Körper, durch den Stoffwechselbereich bis in den Herz- und Atembereich. Hat der Mensch Schmerzen, tritt nun in den meisten Fällen eine Linderung ein; oft setzen sie nun ganz aus und geben dem Sterbenden noch eine Atempause, in der er sich selbst fassen kann. Die Beobachtung dieser Pause ist sehr wichtig. Und wenn der Herz-Lungen-Raum von dem unsichtbaren Menschen verlassen wird – Herzversagen und Atemstillstand sind nur die Symptome –, so steigt die übersinnliche Wesenheit des Menschen über den Kopf aus dem Körper.

Der geistige Beobachter sieht die Wesenheit des Menschen in hellen Strahlen in der Gegend der Augen und der Zirbeldrüse den Menschen verlassen. Es ist dies wohl auch der Grund, der es notwendig macht, hier die Heiligung des Sterbevorgangs anzusetzen. Wir salben den Menschen bei der Heiligen Ölung über dem linken und dem rechten Auge und über der Stirnmitte, wo tief verborgen im Hintergrund des Hauptes die Zirbeldrüse liegt.

Platon hat im »Phaidon« mit der Schilderung von Sokrates' Tod diesen Vorgang in der ergreifendsten Weise beschrieben: »Und wie er dies gesagt, setzte er [den Becher mit dem tödlichen Trank] an, und ganz frisch und unverdrossen trank er aus. Und von uns waren die meisten bis dahin ziemlich imstande gewesen sich zu halten, daß sie nicht weinten; als wir aber sahen, daß er trank und getrunken hatte, nicht mehr. Sondern auch mir selbst flossen Tränen mit Gewalt, und nicht tropfenweise, so daß ich mich verhüllen mußte und mich ausweinen, nicht über ihn jedoch, sondern über mein eigenes Schicksal, was für eines Freundes ich nun sollte beraubt werden. Kriton war noch eher als ich, weil er nicht vermochte die Tränen zurückzuhalten, aufgestanden. Apollodoros aber hatte schon früher nicht aufgehört zu weinen, und nun brach er völlig aus, weinend und unwillig sich gebärdend, und es war keiner, den er nicht durch sein Weinen erschüttert hätte, von allen Anwesenden als nur Sokrates selbst. Der aber sagte: Was macht ihr doch, ihr wunderbaren Leute! Ich habe vorzüglich deswegen die Weiber weggeschickt, daß sie dergleichen nicht begehen möchten; denn ich habe immer gehört, man müsse stille sein, wenn einer stirbt, also haltet euch ruhig und wacker. Als wir das hörten, schämten wir uns und hielten inne mit Weinen. Er aber ging umher, und als er merkte, daß ihm die Schenkel schwer wurden, legte er sich gerade hin auf den Rücken, denn so hatte es ihm der Mensch geheißen. Darauf berührte ihn eben dieser, der ihm das Gift gegeben hatte, von Zeit zu Zeit und untersuchte seine Füße und Schenkel. Dann drückte er ihm den Fuß stark und fragte, ob er es fühle; er sagte nein. Und darauf die Knie, und so ging er immer höher hinauf und zeigte uns, wie er erkaltete und erstarrte. Darauf berührte er ihn noch einmal und sagte, wenn ihm das bis ans Herz käme, dann würde er hin sein. Als ihm nun schon der Unterleib fast ganz kalt war, da enthüllte er sich, denn er lag verhüllt, und sagte, und das waren seine letzten Worte: O Kriton, wir sind dem Asklepios einen Hahn schuldig, entrichtet ihm den, und versäumt es ja nicht. – Das soll geschehen, sagte Kriton, sieh aber zu, ob du noch sonst etwas zu sagen hast. Als Kriton dies fragte, antwortete er aber nichts mehr, sondern bald darauf zuckte er, und der Mensch deckte ihn auf; da waren seine

Augen gebrochen. Als Kriton das sah, schloß er ihm Mund und Augen.«

Wir können es immer wieder feststellen, daß bei Sterbenden die Füße zuerst kalt werden, dann der Stoffwechsel und bis ans Herz hinan alles erlahmt.

Man sagt sogar von einem Menschen, der seelisch kalt und grausam ist und Tod um sich verbreitet:»Er ist kalt bis ans Herz.« Was es im körperlichen Bereich natürlicherweise gibt, das gibt es im Seelischen ebenfalls.

Man ahnt, wieviel furchtbarer noch ein solcher »Seelentod« für den Menschen ist, und wohl auch etwas davon, was der Menschheit in Zukunft widerfahren kann, wenn sie sich der ausgreifenden Kälte des Seelentodes nicht entreißen kann. Es gibt einen zweiten Tod, den Seelentod. Offensichtlich ist das ganze sakramentale Bemühen um den Menschen darauf gerichtet, ihn aus der Sphäre des Seelentodes zu befreien.

»Mögest du finden, ewige Seele, im Tode die Wiedergeburt durch die Kraft Christi, der durch seinen Tod überwunden hat der Menschen Seelentod.« So heißt es am Ende der Bestattungsfeier der Christengemeinschaft.

Das Brechen der Augen und das Versagen des Herzens mit dem Stillstand des Atems lassen sich als Phasen oft kaum voneinander trennen. Manchmal tritt der Herzstillstand auch nach dem Brechen der Augen ein; kurz zuvor verliert der Mensch das Verhältnis zu Zeit und Raum endgültig. Es öffnet sich der Raum ins Weite, und es öffnet sich die Zeit in die überzeitliche Gegenwärtigkeit des gesamten Weltgeschehens. »Die Zeit wird hier zum Raum«, läßt Richard Wagner Gurnemans zu Parzifal sagen, als der Ältere den Jüngeren ins Gralsgebiet einführt. Das Gralsgebiet bezeichnet Wagner damit eindeutig als die Welt, in die wir normalerweise erst mit dem Tod eintreten können.

Der richtig Vorbereitete wird in dieser übersinnlichen Welt von den Fragen geführt, die er im Leben in bezug auf das heiligste, das göttliche Wirken entwickelt hat. Für den, in dessen Lebenszentrum der heilige Kelch gestanden hat, der sich mit dem Wesen Christi erfüllte und für den das Brot Christi Leib geworden ist, wird der vorbereitete Blick auf das Zentrum der Himmelswelt gelenkt werden. Der Gral ist der Punkt, die geistige Substanz, aus der sich ein neuer Erdenkosmos erbilden wird, der neue Menschenleiber trägt. Der Grundstein dafür, Christi Leib, erfüllt von seinem heiligen Leben, ist für das zukünftige Werden der Welt in den nachtodlichen Reichen aufbewahrt.

An die Stelle des Erdenlichts kann für jeden Menschen, der ein »Parzifal« – wenn auch erst anfänglich – geworden ist, das Licht des Grals treten, heiligste Weisheitswelt, in die wir nun aufsteigen, Herzenswärme, in der wir nun atmen, Liebe, die uns nun trägt.

Gabriel und Michael, die Erzengel

Das Neue Testament führt uns tief in den Hintergrund des Geborenwerdens hinein. Gabriel, einer der Erzengel, die vor Gottes Antlitz stehen, leitet die geistigen Vorgänge, die zur Geburt führen (Lukas 1 und 2). Das Zeichen, das ihm die Künstler beigegeben haben, ist die Lilie. Aus der Geisteswissenschaft wissen wir, daß er vor allem die Kräfte des Mondes verwaltet. Es sei erlaubt, ein Bild aus dem irdischen Leben für diese seine Tätigkeit zur Veranschaulichung zu wählen.

Der mütterliche Eierstock ist angefüllt mit einer unvorstellbar großen Zahl von weiblichen Eikeimen. Aus dieser Anzahl von Keimen kommt im Rhythmus eines Mondenumlaufes um die Erde, der sich allerdings in jeder Frau individualisiert hat, aber dennoch wie der Mondenrhythmus in 28 Tagen verläuft, ein Eikeim zur Reife. Er gliedert sich, gewissermaßen von den Mondenkräften herausgezogen, aus dem Eierstock aus und ist befruchtungsbereit.

In entsprechender Weise ziehen die Mondenkräfte, die Gabriels Intelligenz leitet, aus dem Gesamtzusammenhang der ungeborenen Menschenwesen und geistigen Weltwesen, des »Mutterschoßes der geistigen Welt«, die zur Erdenverkörperung reife Seele heraus und tragen sie an die Erde heran. Und ebenso wie die weibliche Eizelle durch Reifestadien geht, so geht die ewige Individualität des Menschen durch verschiedene Reifestadien des geistigen Ausgliederungsvorgangs. Sie muß in einem ersten großen Schritt sich selbst als Wesenheit gegenüber den anderen geistigen Wesen abschließen, mit denen sie in einem völligen Verbundensein gelebt hat. Sie war einerseits in die anderen Geistwesen ausgeatmet und hat sie andererseits alle in sich aufgenommen. Man könnte diesen ersten Vorgang den der »Ausgliederung« nennen.

Die innere Orientierung war ganz auf diese Geistwesen und ihre Tätigkeit ausgerichtet. Das Wesen des Menschen lebt intuitiv in den Wesen der göttlichen Welt, und damit auch sie in ihm. Diese höchste Intuition hört nun auf. Jetzt muß sie das Menschenwesen aus sich heraussetzen, ausscheiden und eine »Haut« um es bilden, es sich individualisieren lassen. Das geistige Menschenwesen verbleibt noch lange im Weben und Leben der Kräfte der Geistwelt, wendet sich aber unter der Einwirkung des Mondes seinem neuen Ziel zu, der Erde.

Die Kräfte der Geisteswelt sind uns immer in ihrer Zusammenfassung mit dem griechischen Wort »Logos« beschrieben worden. Die Weltenkräfte in ihrer ausgebreiteten Form bezeichnen die Geistsphäre des Weltenwortes, des Logos. Sie durchklingen und durchweben die Seele vor ihrer Geburt mit göttlicher Inspiration, mit Weltenharmonie. In konzentriertester Zusammenfassung haben sie sich in Christus auf die Erde begeben und klingen dem Menschen, während er noch in der Geistwelt weilt, von dorther in der mächtigsten Form entgegen. Da ist es nicht zu verwundern, daß eine innere Hinwendung der Seele dort das Zentrum aller Inspiration erkennt. Das Wesen des Menschen kann an diesen Quell der Inspiration nur dann ganz herankommen, wenn es die Erdenmaterie ergreifen kann und bereit ist, im Erdenleib zu leben.

Dies ist für das Menschenwesen erst mit einer dritten großen Verwandlung möglich, indem es sich nunmehr bekanntmacht mit der Welt, die als reiner Weltgedanke das All durchströmt. Dieser Weltgedanke kann in mächtigen Urbildern und Bildern, in Imaginationen, in seinem Geist aufleben. Er liegt auch allen Gestaltungen des materiellen Daseins zugrunde, den Mineralien, den Pflanzen, den Tieren und Menschen. Wenn der Mensch diese kosmische Weisheit in sich aufgenommen hat und diese Imaginationen genügend stark in sich trägt, so ist er unter Gabriels Führung in der Verfassung, nun auch als geistiges Menschenwesen in den Stoffprozeß des Menschwerdens einzutreten. Das geschieht anfänglich in der Embryonalzeit und setzt sich zunächst in den ersten drei Jahren fort. In dieser Lebensepoche tauchen die Kräfte der Weltenweisheit, der Weltgedanken, verwandelt im Erdendenken wieder auf. Die Kräfte des Weltenlogos verwandeln sich in Sprachfähigkeit. Das Wesenhafte der Geistwelt haben die Geistwesen im Menschen in seiner aufrechten Raumgestalt zusammenrinnen lassen. Diese ermöglicht das Handeln auf Erden. Diese drei Bereiche entfalten sich zum Gebrauch des Menschengeistes im Erdenleben in immer umfänglicherer Weise.

Beginnen aber die Schritte der Exkarnation, dann wollen diese Kräfte den Weg in die Welt zurückfinden, aus der sie stammen. Deshalb ist der Mensch gut beraten, wenn er seine Gedankenkräfte nicht nur zu Zwecken benutzt, die ihm das irdische Leben in leiblicher Form bequem und gesund erhalten sollen, sondern sie dem Geist zuwendet und versucht, in den großen Bildern des Daseins zu leben, die auf die Urbilder in der Sphäre der Weltgedanken hindeuten und hinleiten. Diese findet man im Neuen Testament, in vielen Darstellungen der Anthroposophie und durch ihre Vermittlung auch in heiligen Schriften anderer Völker und Rassen. Das ist ein Opfer, das wir Menschen bringen müssen, das uns viel innere Kraft abfordert, weil wir uns allzu gerne auf materielle Prozesse stützen möchten.

Des weiteren kommt es auf den richtigen Umgang mit dem Wort an. Die menschlichen Worte sollen nicht nur Zeichen sein und Informationen über irdische Verhältnisse weitergeben. Gerade von alten Menschen ausgehend sollen sie Trost für andere spenden können. Sie sollten auch Harmonie bewirken in den Gegensätzen des sozialen Lebens, sie sollten vor allem die Kraft des Gebetes in sich enthalten, die im Leben der Menschen Heil bewirkt. Wenn der alt gewordene Mensch das Wort in diesem Sinne in sich zu beleben vermag, trägt er das göttliche Wort wieder in seinem Wesen und kann es hinauftragen in die Weltreiche des Logos, diese wieder erfüllend mit dem, was sie geben möchten, was Christus mit auf die Erde nahm.

Der Mensch kann sich zum dritten hier auf der Erde immer stärker mit dem Geistwesen vermählen, das sein Wesen mit unserem Ich vereinigen will. Es ist das Christuswesen. In ihm waltet die

Fülle der Gottheit. »Ihr werdet sehen über dem Menschen-Sohn die Engel auf- und niedersteigen.« ER birgt sie in sich, sie gehen auf in ihm. ER will in unserem Menschenwesen wirksam werden. ER führt uns dadurch in die Welt des Vaters zurück.

Halten wir dagegen, wieviel unwesentliches Scheinwesen wir während des Lebens aufnehmen, Idole, Schemen und andere Scheingötter, so wird uns der Gegensatz bewußt werden. Die Umkehr des Geburtsweges steht vor uns, wenn wir uns der Materie wieder entwöhnen müssen. Wir müssen uns der göttlichen Welt wieder zuwenden, indem wir sie in uns aufnehmen. Wir dürfen wieder eins werden mit ihr. Nur, dies geht nicht ohne Arbeit, sonst versinken wir im Abgrund des Todes. In diesem Bewußtsein haben die Künstler vergangener Epochen den Erzengel Michael an der Schwelle des Todes mit der Waage dargestellt. Er scheidet die Geister, die dem Fortschritt der Geistwelt dienen können, von jenen, die sich durch Untätigkeit und Verantwortungslosigkeit aus diesem Prozeß ausgeschlossen haben. Aber er wirkt mit an ihrer Reinigung, bis sie dereinst auch wieder in die Sphären des Geistes aufsteigen können. Es wird für den Menschen wichtig sein, diese Umwandlung und Erfüllung seines Wesens mit Urbild, Wort und Wesen zu üben. Das geschieht in der Menschenweihehandlung:

das Aufleuchten des Geistes im Evangelium,

das Herantasten an das Urbild in der Opferung,

das Sich-Verbinden mit dem wandelnden Wort in der Wandlung von Brot und Wein,

das Einswerden in der Kommunion mit dem Wesen des göttlichen Sohnes.

Diese heilige Handlung vollziehen wir im Hinblick auf Michael, den Erzengel an der Todespforte. Man kann auch sagen: an der Pforte der göttlich-geistigen Welt, an der er uns zum Führer bei der Wiedereingliederung in die geistige Welt wird. Deswegen heißt es in der Menschenweihehandlung, daß Michael der »Hüter vor dem Weiheopfer« in Christi Namen ist. – Im Lied des Olaf Åsteson heißt es: »... Wägt ihm St. Michael die Seelen zu.«

Entwicklung der Wesensglieder
des Menschen bis ins Alter

Das Leben beginnt mit einer schrittweisen Verkörperung des geistig-seelischen Wesens des Menschen. Der geistig-seelische Teil des Menschen ergreift den lebendigen Leib und macht ihn zu seinem Instrument. Diese Verkörperung ist mit viel Übung verbunden. Wie ein Künstler beständig üben muß, wenn sich seine Fähigkeit zur Meisterschaft steigern soll, so muß der Mensch sich in sein Menschwerden einüben und das Instrument, die natürliche Mitgift, bis zur Meisterschaft beherrschen lernen. Damit ist der Mensch vorwiegend bis zum 21. Lebensjahr – aber eigentlich auch noch die nächsten sieben Jahre – beschäftigt.

Um das 20. bis 21. Lebensjahr beginnt die Phase der Einrichtung des Lebens mit Hilfe dieses Instruments: das Eintreten in den Beruf. Die Lernphase für den Beruf zwischen dem 14. und 21. Lebensjahr gehört noch zur Ausbildung des Instruments. Es werden jetzt berufliche Erfahrungen gesammelt, die sich vor allem als Ausbildung der Seele charakterisieren lassen. Außerdem etabliert sich der Mensch im sozialen Gefüge. Die Berufsausbildung findet ihre Vollendung im Rahmen eines Mitarbeiterkreises, in dessen Zusammenhängen er – je nach Befähigung – sein spezielles Arbeitsgebiet, den Bereich seiner Tätigkeit im sozialen Feld der Arbeit findet. Er findet im allgemeinen auch seinen Lebenspartner und gründet mit diesem eine Lebensgemeinschaft, die ihn assoziativ mit anderen sozialen Gemeinschaften, Tatsachen und Vorgängen verbindet. Diese Prozesse spielen sich vor allem in den zwanziger Jahren des Lebens ab.

Darauf folgt eine neue Epoche, die bis etwa zur Lebensmitte führt. Mit gutem Verstand begabte Menschen machen sich jetzt auf den Weg, sich eine Position zu verschaffen, von der aus sie nicht nur bestimmt werden, sondern auch das Leben selbständig aus ihrem Ich mitgestalten können. Da wir egoistische Menschen sind, strebt das Ich damit auch ein Selbstbestätigungsziel an, das seiner Eitelkeit und seinem Ehrgeiz entspricht, also die Position, in der man geachtet ist und Macht ausüben kann. Das ist aber nicht der Kern dieser Entwicklungsjahre. Das eigentlich Wesenhafte dieser Phase ist die Anwendung von Begabung und erworbenen Fähigkeiten zur Gestaltung der eigenen und der sozialen Verhältnisse nach der Kraft des Ich. Und wenn dies in selbstloser Weise geschehen kann, so ist es menschenwürdig. In einer dritten Phase muß das Ich lernen, von sich abzusehen. Es muß die Frage in sich beleben: Welche Ziele im Menschenleben sind so geartet, daß sie sich sinnvoll nicht für mich, sondern für die Menschheit und die Erde anstreben lassen? Der Mensch muß den Übergang finden von reinen Nützlichkeitsgesichtspunkten zu geistvollen Ideen, die er in sich und in seinem Umkreis belebt. Das ist mit Verzicht verbunden. Oft wird gerade die Notwendigkeit des Verzichtenlernens nicht erkannt. Der Mensch strebt dann weiter nach Selbstbestätigung durch ein übermäßiges Geltungsbedürfnis, das sich auf die verschiedenste Weise durchsetzt und bei genauerem Hinsehen zu einer Illusion und damit zu einer Lebensunwahrhaftigkeit führt. Ganz unabhängig vom Eigennutz liegt die Wahrheit dieser Lebensepoche, die etwa bis zum Anfang der vierziger Jahre und darüber hinaus währt, darin, höheren Gesichtspunkten des Menschenlebens folgen zu wollen, das sollte Maxime der Selbstgestaltung des Lebens werden. Nachdem das Seelenleben anfänglich den Geist in Ideenform zur Geltung gebracht hat, verlagert sich das Wesen des Menschen zu einem neuen Geschehen.

Man kann sagen, die erste Epoche ist von dem Inkarnationswillen des Menschen gekennzeichnet; die zweite von der Ausbildung der Seele im Leib, wobei der Anfang mehr vom persönlichen Seelenleben bestimmt sein darf und das Ende schon anfänglich ein überpersönliches Element zum Ausdruck bringen sollte. Der nun einsetzende biographische Lebensvorgang kann grob mit dem Wort »Exkarnation« beschrieben werden, der Spiegelung zur Inkarnation in den ersten 21 Jahren. Er endet – wie die Inkarnation mit der Geburt beginnt – mit dem Tod. Das ist die dritte Epoche unseres Lebens.

Wir wollen nun das Leben des Menschen in dieser Lebensepoche – vom Tod ausgehend – verstehen lernen. Im Tod findet eine endgültige Trennung der einzelnen Glieder des Menschenwesens statt. Der Leib trennt sich jetzt für immer von Leben, Seele und Geist. Sofort nach dem Tod beginnt physisch die Auflösung des Leibes. Die ersten Gehirnzellen sind schon wenige Minuten nach dem Tod in Verwesung übergegangen und auf immer dem Leben verloren. Diese Auflösung des Leibes ist nicht umkehrbar, es sei denn, man kann sie im ersten Augenblick verhindern. Das ist aber mit gegenwärtigen, durch die Naturwissenschaft und Medizin ausgebildeten Methoden noch nicht möglich; und man darf wohl sagen: zum Glück der Menschheit. Man braucht sich nur vorzustellen, wir könnten das Leben um über 20 Jahre verlängern. Wie die Menschheit auf Erden dann aussehen würde!

Man kann das Geschilderte ganz schematisch so ausdrücken: Der unsichtbare Mensch – damit bezeichnen wir Geist, Seele und Leben – verläßt den sichtbaren Menschen, und der sichtbare gerät unter die Gesetzmäßigkeiten der ihm innewohnenden Stoffe, die ihre Eigengesetzlichkeit nun wieder entfalten dürfen, und der ihn umgebenden Natur. Beide Prozesse lösen den Körper auf, bis er völlig in dem Stoffhaushalt der Natur aufgegangen ist. Wir fördern diesen Vorgang durch Verbrennung oder Bestattung in der Erde.

Diese Tatsachen weisen uns auf einige Phänomene hin: Der Leib wurde offensichtlich in seiner Stofflichkeit während des Lebens zusammengehalten. Wir gehen in der Wissenschaft heute von dem Axiom aus: »Physiologische Prozesse im Menschen sind gradlinig sich fortsetzende Naturprozesse.« – Bei genauer Beobachtung stimmt das nicht. Reine Naturprozesse, vom Menschen aufgenommen, können ihn nur vergiften oder zerstören. Das kann beim sterbenden Menschen noch von einer anderen Seite aus deutlich werden. Der Leib wurde von einer unseren Sinnen verborgenen Kraft vor den Einflüssen der umgebenden Natur *be-*

wahrt. Sie hat den Körper des Menschen aus der Natur *ausgegliedert.* Sie hat auch die Eigengesetzlichkeit der Körperstoffe, die nach dem Tod wieder in Kraft tritt, für die Zeit des Lebens aufgehoben und in eine andere Verhaltensgesetzlichkeit eingebunden, so daß die »Richtung« des Verhaltens der Stoffe anders ist als zu dem Augenblick, in dem sie wieder der Naturgesetzlichkeit überlassen werden. Diese Wirkung muß offensichtlich von den Kräften des unsichtbaren Menschen, der im Tod den Leib wieder verläßt, ausgegangen sein.

Eine zweite Tatsache gesellt sich hinzu: Der unsichtbare Mensch verläßt während des Lebens jede Nacht den Leib; jedenfalls ein Teil des unsichtbaren Menschen. Jede Nacht verlassen unsere Seele und unser Geist, unser Ich, den lebendigen Körper, aber der Tod tritt dennoch nicht ein. Der Körper lebt weiter und regeneriert sich sogar. Nach dem Aufwachen kann der Mensch sein Bewußtsein im Leib wieder entfalten. Er kann es durch Beobachtung und Denken auf die Umwelt lenken, und er kann willentlich handelnd in die Welt eingreifen. Diese Tätigkeiten wiederum reduzieren im Laufe des Tages das Leben und seine Funktionen – manchmal »zum Umfallen« intensiv. Daraus ist zunächst einmal zu erkennen, daß sowohl das Bewußtsein der Seele als auch das willentliche Eingreifen des Ich den Lebensvorgängen während des Wachseins im Leib feindlich, d. h. verzehrend gegenüberstehen. Also muß man in bezug auf den unsichtbaren Menschen, der im Tod den Leib verläßt, noch einmal eine Differenzierung vornehmen: Was in diesem unsichtbaren Menschen als Seele und Ich erfahren werden kann, unterscheidet sich von dem Leben, und offensichtlich ist es das Leben, sind es die bildenden Kräfte im stofflichen Leib, die diesem eine Form geben und ihn vor den Eingriffen oder Zugriffen der übrigen Naturwirksamkeit bewahren und die Stoffe des Leibes in die Gesetzmäßigkeit des Lebens zwingen. Gerade dieses Leben kann von Seele und Geist des Menschen im Wachen beeinträchtigt, reduziert, ja sogar zerstört werden. Wir müssen nur einmal sechs Tage und Nächte hintereinander ununterbrochen wachen. Wir stehen dann unmittelbar vor dem Tod.

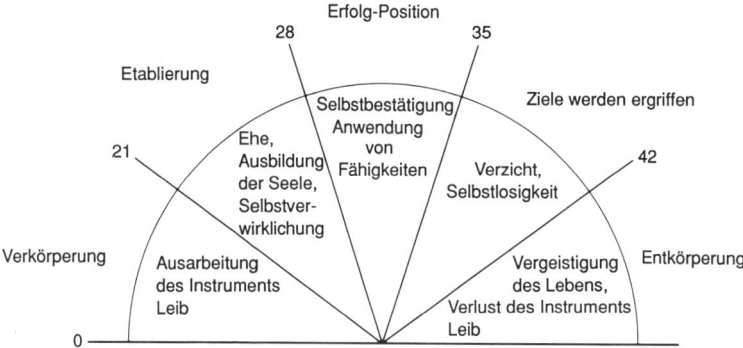

Aus dieser Schilderung ergeben sich Fragen. Warum verläßt das Leben im Tod den Leib, da es ihn ein Leben lang festgehalten hat? Warum kehren von diesem Augenblick an Seele und Geist nicht mehr in den Leib zurück? Was ist es, das die Verbindung aller vier Glieder der gesamten Menschenwesenheit am Morgen immer wieder herstellt? Warum geht der Mensch nicht einfach von einem bestimmten Punkt seines Lebens an in einen ewigen Schlafzustand über, der die Trennung von Seele und Geist gegenüber Leben und Leib zu einem Dauerzustand werden läßt?

Hier offenbart sich ein tiefes Geheimnis der menschlichen Wesenheit, das wir allerdings nicht mehr aus der Beobachtung erschließen können, sondern nur demjenigen anschaulich vor Augen steht, der als Geistesforscher den unsichtbaren Menschen genauso erkennen kann wie wir den in der Sinnlichkeit lebenden Menschen.

Bei der Konzeption – so berichtet Rudolf Steiner aus seiner Forschung – werden nicht nur der Eikeim und der Same miteinander verschmolzen. Es senkt sich in diesen Vorgang etwas herab, was die Geisteswissenschaft den »Geistkeim« des physischen Leibes nennt. Dieser Geistkeim bereitet die geistige Gestalt des physischen Leibes vor. In diese Gestalt oder in dieses »Feld« bauen die Lebenskräfte die Stoffe des Leibes ein. Es hat also ein jeder Leib eine Art geistiges Gerüst in sich. Dieses ist bereits vor der Konzeption, vor der Geburt in geistigen Welten mit dem Ich zu einer geistigen Einheit verbunden worden. Das Ich gliedert sich im Geist auch Seelenkräfte an und nach einer gewissen Zeit auch Lebenskräfte, so daß der geistige Mensch aus vier Gliedern schon vor der Konzeption in einer gewissen Geschlossenheit besteht. Das Ich senkt dann im Augenblick der Konzeption – wobei dieser »Augenblick« zeitlich ausgedehnt sein kann – den Geistkeim des Leibes in den physischen Vorgang ein. Da aber das Ich mit seiner Seele und seinem Leben an diesen Keim gebunden ist, zieht dieser nun den unsichtbaren Menschen nach. Und er tut es auf eine wunderbare, atmende Art; er verstärkt seine Kraft rhythmisch im Wechsel von Wachen und Schlafen, bis er das unsichtbare Wesen des Menschen so weit herangezogen hat, daß es seine größte Kraft im Leib entfalten kann. Das ist um die Mitte des Lebens. Von da an läßt seine Kraft nach, und eines Tages ist sie erloschen. Da gibt die Geistgestalt des Leibes den unsichtbaren Menschen endgültig frei. In der Zwischenzeit aber hat sie in Wachen und Schlafen den geistig-seelischen Menschen im Rhythmus immer wieder freigegeben und an den Leib herangezogen. Wenn die endgültige Freigabe

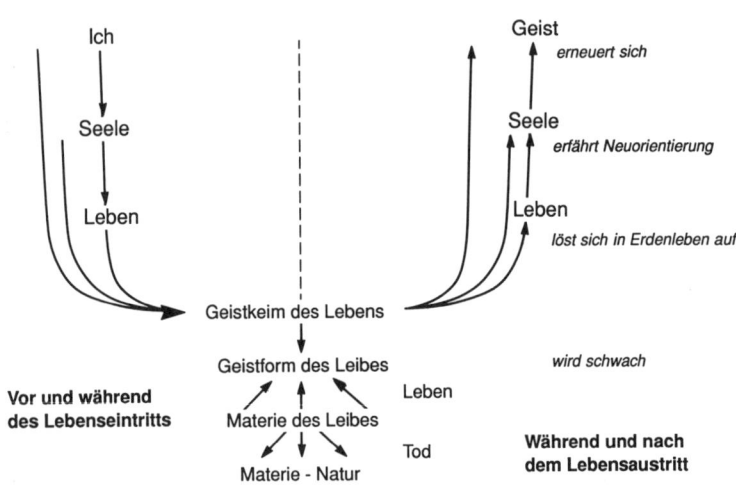

des unsichtbaren Menschen erfolgt ist, kann seine schwach gewordene Konstitution den Stoff auch nicht mehr in dem Gerüst halten, in das ihn die Lebenskräfte eingebaut haben. Es ist wie bei einem alten Fachwerkhaus: Wenn die Balken morsch geworden sind, brechen sie zusammen, und was in das Fachwerk eingemauert war, löst sich auf.

Schlaf

Der Schlaf wurde früher als ein Zustand des Menschenlebens erachtet, den man achtete, respektierte, den man schließlich sogar für heilig hielt. Der Schlaf wurde der kleine Bruder des Todes genannt.

Heute erleben die Menschen, daß ihr Verhältnis zum Schlaf nicht in Ordnung ist, daß er sie nicht erquickt, und leiden darunter. Die Sorge um den Schlaf wächst besonders bei älteren Menschen. Die Masse der Schlafmittel, die in den zivilisierten Ländern verbraucht wird, ist erschreckend groß. Diese Menge ist schon nicht mehr recht vorstellbar. Eines kann man ganz gewiß sagen: Schlafmittel erzeugen keinen richtigen Schlaf, sondern einen Scheinschlaf. Der richtige Schlaf macht gesund, aktiv und lebensfroh. Der Scheinschlaf wirkt auf den Wachzustand seelisch dämpfend, fördert die Unlust und macht nach längerer Zeit krank und physisch mürbe. Von diesem Übel ist ein sehr großer Teil der Bevölkerung heimgesucht. »Ungefähr ein Drittel der Bevölkerung klagt über Schlafstörungen. Jeder zweite empfindet sie als ernst.« Abgesehen von allen persönlichen Schäden, die der Mensch erfährt, wenn er Schlafmittel nimmt, besteht auch eine Auswirkung auf das soziale Leben. Menschen, die durch Schlafmittelgebrauch unter ständiger Unlust oder Dämpfung ihres Bewußtseins stehen, sind im Tagesleben keine vollwertigen Partner. Der Arbeitsprozeß leidet, ob im Büro, in der Werkstatt oder im sozialen Beruf. Es fehlt an Initiative, Aufmerksamkeit und Umsicht. Und noch darüber hinaus: Menschen, die immer wieder Schlafmittel nehmen, sind leicht manipulierbar. Man stelle sich vor, was es unter diesen Voraussetzungen bedeutet, wenn ein Viertel der Bevölkerung eines Landes immer unter medikamentöser Bewußtseinsdämpfung steht.

Es ist nicht schwer festzustellen, daß Schlaflosigkeit und Schlaf-störungen in den meisten Fällen aus der Überreizung des Men-schen während des Tageslebens herrühren. Unsere Zivilisation drängt derartig viele Eindrücke in unser Bewußtsein, daß wir sie nicht mehr bewältigen. Der vielfach daraus entstehende »Streß« führt zu einer Art Wachkrampf. Die Fülle der Sensationen kann dann nicht mehr genug sein. Aus dieser Sensationssucht entsteht Fehlverhalten. Süchte und Begierden treten auf, die sich im sozia-len Leben in vielfacher Weise störend auswirken können.

Schlechtes Gewissen, Streß, Schlaflosigkeit, Schlafmittel, her-abgedämpftes Bewußtsein im Tagesleben, Unlust, geminderte In-itiativkraft und Gleichgültigkeit in bezug auf die Verantwortung folgen einander und bewegen sich gleich einer Spirale in Fallkur-ven abwärts, um schließlich in einem körperlichen und seelischen Ruin zu enden. Muß das in dieser Form geschehen? Haben wir die Möglichkeit, uns aus diesem Teufelskreis zu befreien? Dazu ist zunächst Erkenntnis über Wachen, Schlafen und Träumen not-wendig.

Ein Kind schläft viel und baut sich dabei seinen Leib auf. Ein alter Mensch wacht viel. Während des Wachens werden die vitalen Vorgänge zurückgedrängt und der Leib wird verbraucht, abge-baut. Das wache Bewußtsein des Menschen wird in Phasen star-ken Aufbaus nur wenig entfaltet. Allein im Abbau kann der Mensch Bewußtsein entfalten, und dieser Abbau nimmt mit fort-schreitendem Alter zu. Er überwiegt von einem bestimmten Le-bensalter an die Aufbautätigkeit des Organismus. So kommt es zu einem ständig wachsenden Bewußtsein. Diese Beobachtung er-laubt den Schluß: Bewußtsein kann nur da entstehen, wo das auf-bauende Leben zurücktritt. Umgekehrt wird diese These durch die Tatsache bestätigt, daß wir immer dann, wenn wir ganz ohne Umwelt- und Selbstbewußtsein sind, aufgebaut und erfrischt wer-den, auch wenn die Schlafphasen nur relativ kurz sind.

Noch eine andere Beobachtung schließt sich an: Nachts, wenn der Leib in unbewußtem Schlaf liegt, sind die Lebensfunktionen im Leib nicht unterbrochen, aber das Bewußtsein und der die Seelenvorgänge beherrschende Geist des Menschen sind nicht verkörpert, sondern vielmehr entkörpert. Wir haben es also mit einer Trennung von Leib und Leben auf der einen Seite, von Bewußtsein und des in ihm wirkenden Geistes auf der anderen Seite zu tun. Diese nachts getrennten Wesensteile des Menschen kommen am Tag zusammen. Dadurch aber entsteht Abbau.

Was geschieht mit der Seele und dem in ihrem Schoße vorhandenen individuellen Menschengeist während der Nacht? Die Antwort auf diese Frage müssen wir uns schuldig bleiben, so lange wir keine Organe ausgebildet haben, die uns in die Lage bringen, Seele und Geist auf ihren nächtlichen Wegen zu verfolgen. An diesem Punkt müssen wir uns mit der Beobachtung bescheiden, aber wir dürfen mitdenken, was die Seher, die Geistesforscher aller Zeiten beobachtet haben. Rudolf Steiner hat diese Wege von Seele und Geist aus der Beobachtung beschrieben und in klare Gedanken fassen können wie keiner vor oder nach ihm. Wir können diese Gedanken nachdenken, und zwar in aller Freiheit. Sie führen bei Unbefangenheit immer eine Bestätigung dessen herbei, was im Sinnesumkreis beobachtet werden kann. Rudolf Steiner schildert das Leben der Seele und des Geistes während des Schlafes in seiner »Geheimwissenschaft im Umriß« auf folgende Art:

Seele und Geist, er nennt sie »Astralleib« und »Ich«, lösen sich im Bereich der Sinne und der Nerven vom Leib. In der Phase der Lösung durchdringt die Seele sich mit den Urbildern der Geistwelt, die aller physischen Bildung zugrundeliegen. Diese Urbilder oder Vorbilder unserer Organe sind nicht nur Bild, sondern sind auch tätige Schöpfermacht. In dem Augenblick, in dem wir aufwachen, tragen Seele und Geist die Schöpferkräfte der Urbilder in das Leben des Leibes hinein, und dieses gestaltet dadurch die einzelnen Organe des Leibes und leitet die Organprozesse innerhalb des Körpers. Während des Tages verdrängen wir die Vorbilder wieder durch Bilder, die wir aus der Sinneswelt aufnehmen. Dadurch werden unsere Organe unfähig, ihre Lebensfunktionen richtig auszuüben. Sie werden gestört.

Nun hat die moderne Wissenschaft vom Schlaf sehr wesentliche »Materialien« erforscht, die wir mit Hilfe des von Rudolf Steiner beschriebenen Bildes der Wach-Schlaf-Vorgänge verstehen können: Ein Mensch schläft ein, sinkt in tiefen Schlaf, und nach etwa 90 Minuten wird der Schlaf für kurze Zeit wieder ganz flach. Der Mensch kommt für eine Zeit von 8 bis 10 Minuten in eine Anspannung aller Körperbereiche: Muskelkontraktion, Augenbewegung, Steigerung der Atemfrequenz, Beschleunigung des Herzschlags, Aktivität der Hautabsonderung und vieles mehr. In dieser Zeit träumt der Schläfer intensiv. Das wiederholt sich mehrmals. Die Phasen, in denen der Mensch im Tiefschlaf liegt, bleiben etwa 90 Minuten lang. Die Flachschlafphasen, auch Traumphasen genannt, verlängern sich bis zu 25 Minuten kurz vor dem Aufwachen.

Versucht man, diese Forschungsergebnisse zu verstehen, kommt man zu folgender Vorstellung: In den sogenannten Traumphasen wird der sonst so gleichmäßige Rhythmus von Atmung, Herzschlag, Absonderung und Aufbau plötzlich verändert. Bewegung ergreift den Menschen. Interessanterweise ergreift sie ihn mehr von der Peripherie her als von innen. Träume treten auf. Da durchdringen sich bereits Bewußtseinskräfte der Seele mit dem Erinnerungsbildekräfte enthaltenden Leben. Die Aktivität des Bewußtseins mit seinen ihm innewohnenden Schöpferkräften kann in einer durch die Schranken des Leibes ungehinderten Weise den Bilderreichtum der Lebenskräfte ergreifen und in willkürlicher Form zusammensetzen. Wir träumen. – Die in der Seele vorhandene Beweglichkeit und Bewegungskraft dringt bis an die Grenzen des Leibes vor, bewegt ihn, spannt ihn an, läßt ihn wieder los. Diese beiden Tätigkeiten finden in einem Rhythmus der Durchdringung von Seele und Leben statt. Wenn das Ich (Geist) und der Astralleib (Seele) schließlich den physischen Leib und die Lebenskräfte ergreifen, dann erwacht der Mensch.

Wir haben es also mit folgenden Vorgängen zu tun:

1. Trennung von Leib und Leben einerseits und Seele und Geist andererseits beim Einschlafen,

2. ein 90 Minuten langes, tiefes Schlafen,
3. eine kurze Traumphase, die Verbindung von Seele und Leben,
4. ein 90 Minuten langes, nicht ganz so tiefes Schlafen,
5. eine gegenüber der vorhergehenden um wenige Minuten verlängerte Traumphase usw.,
6. Aufwachen in der Verbindung von Leib, Leben, Seele und Geist.

Die Schlafforscher haben in sogenannten Schlafexperimenten Menschen immer wieder aus ihren Tiefschlafphasen geweckt und wieder einschlafen lassen. Dabei ist mit den Menschen nichts sonderlich Gefährliches geschehen. Im Gegensatz dazu hat ein mehrmaliges Wecken während der sogenannten »Traumphasen« über einige Nächte hin zu furchtbaren, irreparablen Schäden geführt. Die Menschen wurden nervös, unkonzentriert, sie erholten sich nicht, obwohl sie die Tiefschlafphasen durchmachten. Nach wenigen Nächten trat völlige Verwirrung, Zerrüttung, Halluzination und schließlich Todesnähe ein.

Die Ergebnisse dieser nicht gerade humanen Experimente können uns zu folgender Anschauung führen: In den kurzen Traumphasen geschieht Wesentliches während des Schlafes. Die den Menschen durchpulsenden Lebenskräfte dürfen sich anhand der schöpferischen Vor- und Urbilder der Organe erfrischen und erneuern. Hier wird Regenerationsarbeit geleistet.

Es gibt auch ein interessantes Forschungsergebnis bezüglich der Traum- oder Flachschlafphasen: Sie können nicht nur durch Weckreize unterbrochen, verkürzt oder ganz verhindert werden. Zahlreiche Medikamente verkürzen diese Phasen und beenden sie mit der Zeit womöglich ganz. Dazu gehören Beruhigungsmittel, Schlafmittel, Weckmittel sowie Alkohol und Rauschgifte. Verlängernd auf die Traumphasen wirkt Kaffee. Nun liegt die Annahme nahe: Der Grund für die langsame Degenerierung des Leibes durch all diese sogenannten Pharmaka und Drogen liegt darin, daß die Durchdringung von Seele und Leben während der Flachschlaf- und Traumphasen verhindert wird.

Eine natürliche Intensivierung dieser Durchdringung läßt sich durch religiöse Übung und geistige Arbeit erreichen, weil die Affinität von Leben und Seele durch geistige Inhalte gesteigert wird. Diese stärkere Verbindung erzeugt auch eine tiefgreifende Erfrischung in nur kurzer Zeit. Deswegen kommt der alte Mensch mit weniger Schlaf aus, wenn er ein geistig tätiges Leben geführt hat, z. B. durch Meditation, Kontemplation und Gebet. Es gibt auch Methoden und den Menschen nicht schädigende Medikamente, die bei Schlaflosigkeit helfen können. In einigen Fällen kann man das Einschlafen durch inhaltlich schweren Lesestoff fördern. Da diese Methoden der individuellen Beratung bedürfen und kaum allgemeine Anwendung finden können, sei hier auf Arzt und Seelsorger verwiesen, die – am günstigsten nach gemeinsamer Beratung – Rat und Medikament aufeinander abgestimmt geben oder verordnen können. Eine unzureichende Sachkenntnis der Berater kann leicht zu tiefgreifenden Fehlentwicklungen führen.

Den alten Menschen aber kann gesagt werden, daß sie sich keine Sorgen machen sollen, wenn sie wenig schlafen. In diesem Lebensabschnitt braucht der Mensch nicht mehr als ungefähr 4 bis 5 Stunden Schlaf innerhalb von 24 Stunden. Mehr Schlaf als individuell nötig führt zur Krankheit.

Schmerz

»Die Annahme, daß die meisten tödlichen Krankheiten mit heftigen Schmerzen verbunden sind, ist falsch. Nur in den wenigsten Fällen wird ganz kurz vor dem Tod noch über Schmerzen geklagt. Trotzdem erfordern Schmerzen immer die volle Aufmerksamkeit und Sorge des Arztes. Schmerzverhinderung oder -bekämpfung ist während des ganzen Sterbebeistandes notwendig.« Diese Zeilen aus dem Buch von Paul Storken »Umgang mit Sterbenden« sind anfechtbar. Es haben viele Menschen Schmerzen von erheblichen Ausmaßen und sprechen darüber kein einziges Wort. Uns ist ein Mensch begegnet, der an schwerstem Knochenkrebs litt. Er hatte so starke Schmerzen, daß man ihn zuletzt kaum noch bewegen konnte. Dennoch klagte er sehr selten, stand jeden Tag aus seinem Bett auf, ging – und wenn der drei Meter lange Weg eine halbe Stunde in Anspruch nahm – zum Waschbecken, wusch sich und ging wieder zurück. Das tat er unter schwersten Schmerzen auch noch am Morgen seines Sterbetages. Er wußte, welche Kraft er sich selbst durch die Schmerzbewältigung erwarb.

Schmerz muß seinem Wesen nach durchschaut werden. Er tritt immer da auf, wo die Gestalt des Menschen verletzt ist. Die Seele nimmt wahr, daß die Gestalt nicht mehr harmonisch geschlossen ist oder Einlagerungen von Fremdstoffen besitzt, die die geordneten äußeren und inneren Bewegungsabläufe des Leibes verhindern. Die Nerven dienen nur der Wahrnehmung; der Schmerz konzentriert das Bewußtsein auf die nicht mehr intakte Körperstelle. Er läßt nach, wenn das körperliche Trauma durch die Lebensprozesse überwunden wird.

Wollen wir diesen Vorgang mit den Begriffen der anthroposophischen Menschenkunde erfassen, so müssen wir sagen: Der physische Leib ist verletzt, die Lebenskräfte wollen diese Verletzung überwinden, die bewußtseinstragende Seele konzentriert sich auf die Verletzung oder das kranke Organ und bemüht sich mit den ihr innewohnenden Kräften, dem Leben die Vorbilder für die Gestaltung des Organismus einzuprägen; der Widerstand des physischen Leibes verursacht eine krampfartige Zusammenziehung des Bewußtseins. Diese löst sich erst, wenn der physische Leib den Widerstand gegen das intensive Gestaltenwollen der Seele aufgegeben hat. Das Ich des Menschen lebt in der Wahrnehmung dieser Vorgänge. Es kann von allen anderen Wahrnehmungen und Denkinhalten abgelenkt werden, weil es durch diesen Schmerzprozeß völlig in Anspruch genommen wird.

Dem vom Schmerz beherrschten Leib gegenüber entsteht ein zunächst unmerkliches, aber mit der Dauer und Intensität sich steigerndes Antipathieempfinden. Dieses Antipathiegefühl ist unter Umständen eine große Hilfe im Lösungsprozeß der Seele vom Leib. Die Sympathie zum Leib fesselt die Seele an ihn. Das Loslassenkönnen der Seele vom Leib hängt davon ab, ob das innere Gleichgewichtsverhältnis von Sym- und Antipathie sich zugunsten der Antipathie verschiebt. Dieser Vorgang ist allerdings bei fast allen Menschen dem Bewußtsein nicht zugänglich. Diese Sym- und Antipathiekräfte sind – wenn auch unbewußt – ebenso stark wie jene, die im sozialen Leben wirken und Menschenbeziehungen schaffen oder auflösen.

Daraus mag deutlich werden, daß das höhere Wesen des Menschen sich durch den Schmerz von der Sympathie zum Leib befreien will. Es benutzt die den Schmerz bewirkende Krankheit oder Verletzung, um das eigene Abtretenkönnen von der irdischen Bühne zu erleichtern. Nun kann aber der heutige Mensch oft nur sehr wenig Schmerzen aushalten. Die Ursache liegt in der Seele, die sich zu stark mit dem Körper verbunden hat. Bei weniger bewußt in den Erdenverhältnissen lebenden Menschen, die noch mehr traumhaft über die Erde gehen, ist deshalb auch die Schmerzempfindlichkeit viel geringer; manchmal ist sie so gut wie gar nicht vorhanden. Auch solche Menschen, die durch geistige Übung ihre Bewußtseinskräfte durch Konzentration selbst auf einen anderen Gegenstand lenken können, können Schmerzen leichter ertragen als jene, die gewohnt sind, ihre Seelenkräfte einfach mit dem Körper zu identifizieren.

Erst wenn dies alles in Erwägung gezogen worden ist, kann man mit Fug und Recht über »Schmerzverhinderung und Schmerzbekämpfung« nachdenken. Oft ist dem Menschen schon mit einer sehr kleinen Dosis schmerzlindernder Medikamente geholfen. Manchmal bedarf es aber auch einer Hilfe bei der Abwendung des Bewußtseins vom Schmerz. Und wichtig ist es zu bedenken, daß der Schmerz im Laufe des Tages und der Nacht rhythmisch stärker und schwächer wird und die medikamentöse Behandlung sich darauf einstellen muß. Auf jeden Fall sollte kein Versuch unterlassen werden, das Bewußtsein des Menschen ungedämpft zu erhalten, wenn es irgend möglich ist. Es ist wichtig für die Seele, daß sie von dem Sterbevorgang so viel wie möglich wach und bewußt erlebt. Die Tibetaner haben gerade die Wachheit im Sterben für die eigentlich wichtige Haltung des Menschen gehalten; andere Kulturen haben das angestrebt.

Eine Beobachtung sei angefügt: Diejenigen Menschen, die in der letzten Phase ihres Lebens mit starken Schmerzmitteln behandelt wurden, zeigen im Gegensatz zu anderen Verstorbenen nach dem Tod eine starre Unveränderlichkeit. Die Haut wirkt undurchlässiger, das Antlitz formt sich nicht nach dem Bild des höheren Lebens. Diejenigen, die mit der Verbrennung des Menschen zu tun haben, berichten von einer auffällig längeren Verbrennungszeit. Das alles weist darauf hin, daß die Stofflichkeit des Menschen einen anderen Zusammenhalt bekommen hat. Man darf es in diesem Zusammenhang vielleicht erwähnen: Rudolf Steiner spricht davon, daß alle rein chemischen Medikamente eine »Geistgestalt« im Leib erzeugen, die zu derjenigen hinzutritt, die vom Beginn unseres embryonalen Lebens an den Zusammenhalt aller Stoffe im Körper bewirkt. Diese dem Menschen hinzugefügte »Gestaltkraft des Leibes« bewirkt einen ihm nicht entsprechenden Zusammenhalt der Materie innerhalb seines Leibes. Es stellt sich also die Frage, ob diese Medikamente nicht auch das Leben und das Sterbeleiden des Menschen verlängern, indem sie Geist, Seele und Leben länger an den Körper fesseln, als es der Kraft der eigenen Geistgestalt entspricht.

Wir dürfen uns bei der Schmerzlinderung und -bekämpfung von unserem Mitleid nicht in eine falsche Richtung leiten lassen. Das Mitleiden mit dem Menschen muß sich also nicht nur auf sein leibliches Wesen erstrecken, sondern auch auf sein seelisch-geistiges Wesen. Es geht nämlich nicht nur um ein kurzsichtiges Mitleid, sondern um eine Barmherzigkeit, die aus einem vertieften Fühlen und starken Erkennen gewonnen wird. Die Schwierigkeit besteht jedoch darin, daß wir das Leibliche in vollem Umfang erleben; für das Geistig-Seelische jedoch muß sich die Wahrnehmungsfähigkeit erst bilden. Dies kann am besten im liebevollen Umgang mit Kranken und Sterbenden geschehen. Insgesamt erweist sich die Aufgabe als sehr viel schwieriger, wenn man nicht nur den Leib berücksichtigt.

Dennoch sollte dieses Schmerzverständnis mit Kranken, Sterbenden und – wenn irgend möglich – auch Angehörigen erarbeitet werden, und zwar möglichst früh. Einübung der Konzentrationsfähigkeit in jüngeren Jahren ist eine gute Hilfe bei späterer Schmerzbewältigung.

Die leiblichen Schmerzen sind eines; ein anderes sind die seelischen Schmerzen – man sagt wohl besser: die Traurigkeit. Denn derjenige, der Erdenabschied von den geliebten Menschen nimmt, die seine Schicksalsgefährten gewesen sind, hat es, wenn sein Bewußtsein nicht ganz und gar von den Sterbevorgängen seines Leibes gefangen ist oder wenn er gar in diesen Vorgängen versinkt, nicht leicht. Alles Sterben ist schwer. Und jeder Abschied, vor allem wenn er endgültig zu sein scheint, bereitet Schmerz, Kummer oder Traurigkeit. Manchmal ist er von Tränen, die ganz sanft fließen, begleitet. Davor sollte man nicht zurückschrecken und sie auch nicht verhindern wollen, denn sie können den Menschen lösen.

Im allgemeinen ist der Abschiedsschmerz der Angehörigen jedoch größer als der des Sterbenden. In ihm lebt nicht selten schon eine Ahnung von der seelischen Verbundenheit, die nach dem Tod in viel stärkerem Maße vorhanden sein kann als während des Lebens. Mancher Sterbende hat schon seine Angehörigen in ihrer großen Traurigkeit, ja in ihrem Schmerz getröstet und sich so als derjenige erwiesen, dessen Seele mit größerer Stärke dem Tod entgegensieht als diejenigen seiner Angehörigen und Freunde. Der Tod des Sokrates ist dafür eines der ergreifendsten Beispiele.

Ein Störfaktor von undurchschauten Ausmaßen ist die manchmal sehr egoistische und emotionale Trauer beim Erdenabschied eines Menschen. Trauer kann aber auch Größe in sich haben und ein Spiegel der Erhabenheit des Sterbevorgangs sein. Dies zu empfinden, sollte eigentlich das Ziel eines jeden Menschen sein. Er kann damit helfen, daß sich die Pforten zur anderen Welt öffnen und das Sterben von einem Atem der Freiheit und Liebe getragen werden kann.

Doppelgänger und Altersverwirrtheit

Zum Lebensende führt ein Weg, der für manche Menschen große Schwierigkeiten mit sich bringt. Der Leib bleibt immer weniger das, was er einmal war: das Instrument der Seele. Der alternde Mensch, der diesen Weg mit wachem Bewußtsein verfolgen muß, gerät in seelische Nöte. Sie beginnen schon mit dem Nachlassen der Gedächtniskräfte und dem Eintreten der Ungeschicklichkeit der Bewegungen. Für manchen alten Menschen steckt in diesen Nöten der Grund zu tiefem Kummer und Verzweiflung. Hier liegen nicht nur Herausforderungen für eine Alterspsychiatrie und -psychotherapie, sondern insbesondere für eine auf den alten Menschen abgestimmte Pastoral-Medizin.

Es gibt Menschen, die diese Zustände nicht bemerken, weil mit dem Altwerden auch die Selbstwahrnehmung geringer wird. Aus diesem Mangel an Selbstwahrnehmungsvermögen ist oft auch ein ungepflegter Zustand zu erklären. Haare und Kleider bieten machmal einen Anblick, der dem Beobachter unangenehm sein kann. Auch die Eßgewohnheiten und das Benehmen bei Tisch ändern sich, so daß Pfleger, Mitbewohner, Verwandte und vor allem Freunde, die derartige Anblicke nicht gewohnt sind, sich peinlich berührt fühlen und manchmal sogar schockiert sind. Vor allem bei anderen alten Menschen entsteht die von Angst erfüllte Frage: »Werde ich auch einmal so sein?«

Alle durch diese Erscheinungen herausgeforderten Menschen, seien es die Alten selbst, die Verwandten und Freunde oder auch die Pfleger im Haus oder im Altenheim, sollten die ersten Anzeichen auf diesem Feld wohl bemerken, denn das Ungepflegte ist immer ein Zeichen für das Abnehmen bestimmter Selbstwahrnehmungen und damit auch Umweltwahrnehmungen. Die exakte Wahrnehmung seiner selbst in der Umgebung führt zu einem taktvollen, ordentlichen und guten Verhalten. Das Fehlen der Selbst-wahrnehmung beruht im allgemeinen auf einem allmählichen Sichlösen der Ich-Organisation aus dem Leib. Eine für die Pfleger und Angehörigen, aber auch für die alten Menschen selbst behut-sam nahegebrachte Menschenkunde kann viel zum Verständnis dieser Vorgänge beitragen und vor allem ein liebevolles, von Mit-leid getragenes Einfühlungsvermögen wecken.

Mit der Lösung des Ich aus dem leiblichen Geschehen ist auch ein immer geringeres Eingreifen der Kräfte des Ätherleibes in die physische Organisation verbunden. Beide werden unabhängiger voneinander. Im physischen Leib macht sich das auf der einen Seite in gewissen Auflösungserscheinungen bemerkbar, die bis über die Grenzen des physischen Leibes hinaus, z. B. in der Klei-dung, sichtbar werden. Hier tritt der Formverlust oft zuerst zu-tage. Dadurch, daß der Ätherleib nicht mehr in der rechten Weise eingreift, entstehen auf der anderen Seite auch Eigentendenzen des physischen Leibes. Die Stoffe des Leibes können nicht mehr in der rechten Weise bewältigt werden. Es entstehen Ablagerungen. Die Fette werden zuerst an Stellen deponiert, wo sie eigentlich nicht hingehören. Der Harnsäurestoffwechsel wird unlebendig. Kalk wird in den Adern statt in den Knochen eingelagert. In sei-nem Buch über die Krankheitsformen im Alter bespricht Volker Fintelmann dieses Phänomen als Sklerosetendenz des alternden Organismus. Es genügt, hier darauf zu verweisen. Die Krebs-krankheit gehört letztendlich auch zu diesem Bild.

Hier ist auf die Problematik einzugehen, die für Angehörige, Freunde, Mitbewohner und Pfleger entsteht, die mit dieser Art Krankheits- und Alterserscheinung zu tun haben. Es sind immer Erscheinungen, die starke soziale Auswirkungen haben und den alten Menschen in außerordentlich schwierige Lagen bringen kön-nen, bis hin zum völligen Ausschluß aus der Gemeinschaft, zu Verachtung und Deklassierung. »Dieses Tier« oder gar »diese Be-stie«, hört man nicht selten sagen, wenn die Umgebung kein Ver-ständnis hat. Zugegeben: Es ist manchmal sehr schwer, die soziale Integration aufrechtzuerhalten. Aber die Würde des Menschen leidet – auch die eigene des Betreuenden –, wenn die Integration nicht in einem angemessenen Maß gelingt.

Wir nehmen zuerst wahr, daß der alternde Mensch meistens kein Bewußtsein von den beschriebenen Vorgängen hat. Sie bleiben ihm zu seinem eigenen Glück verborgen. Wenn sie bewußt werden, so sind damit außerordentliche seelische Schmerzen verbunden. Dieser Verlust an Selbstbewußtsein geht vielfach mit einem allmählich sich abschwächenden Erinnerungsvermögen einher. Die Erinnerungskräfte sind identisch mit den Lebenskräften. Sie lösen sich naturgemäß im Alter vom Leib.

In diesen Lebenskräften des ätherischen Leibes liegt aber noch ein Geheimnis, das uns in der Entwicklungsphase der Menschheit, in der wir gegenwärtig leben, nur wenig oder gar nicht bewußt wird: Wenn wir damit ernst machen, daß der Mensch nicht nur einmal lebt, müssen wir auch die Frage stellen: Was bringt er denn von einem Leben zum anderen mit sich? Damit die Wiederholung der Lebensläufe für uns auch einen Sinn bekommt, müssen zwei komplexe Tatsachen unseres Menschenwesens angeschaut und zu Bewußtsein gebracht werden.

Auf der einen Seite sammeln wir eine Fülle von Erfahrungen während unseres Lebens. Wir ergreifen sie im Denken, verarbeiten sie im Fühlen und erleiden sie im Schmerz. Wir üben sie ein in unser Wesen bei allem Handeln. Die Lebenserfahrung verbindet sich unserem Ich, es bereichernd, erkraftend und aktivierend. Aber je gewaltiger die Erfahrung wird, desto mehr erlebt das Ich auch seine Ohnmacht den Anforderungen gegenüber, die ihm aus diesen Erfahrungen der Welt, in der wir leben, als Schicksalsanforderung entgegentreten. Dieses Ohnmachtserlebnis führt uns auf Wege nach dem Quell der Ich-Stärkung. Beides tragen wir von einem Leben in das andere hinüber. In dem erworbenen Ich-Reichtum sind unsere späteren Fähigkeiten und Begabungen verborgen, mit denen wir ein neues Leben antreten. In dem Ohnmachtserleben steckt eine Sehnsucht nach Menschlichkeit in ihrer Vollendung. Die vollendete Menschlichkeit ist in dem Christus-Jesus vorgebildet. Deswegen ist die Sehnsucht, die aus dem Ohnmachtserleben aufsteigt, um so mehr der Führer zu Christus, je größer die Sehnsucht wird. Sie führt uns durch die verschiedenen Verkörperungen zu Christus und verbindet in immer stärkerem Maße mit ihm.

Der Anlaß des Ohnmachtserlebens ist also die eigene Unvollkommenheit. Diese Unvollkommenheit hat zweierlei Ursachen. Die eine liegt in der allgemeinen Tatsache der Erbsünde, d. h. jener Sünde, die dadurch entstanden ist, daß alle Menschen Anteil an dem Sündenfall haben, an der Trennung von Gott, die durch Wesen verursacht ist, deren Macht stärker ist als die des Menschen. In der Bibel werden sie durch die Schlange symbolisiert. In der modernen Geisteswissenschaft werden sie die luziferischen Wesen genannt. Sie haben in Urzeiten den Menschen ohne einen ihm möglichen Widerstand von seinem Weg abgelenkt. Die Fortentwicklung der Menschheit in ihrer Totalität in diesem abgetrennten Zustand nennt man Erbsünde.

Die andere Ursache liegt in den Fehlern, die des Menschen langsam erwachendes Ich auf diesem Weg macht: in der persönlichen Schuld. Auch die Folgen dieser Schuld trägt der Mensch von einem Leben zum anderen mit sich. Die Schuld bildet neben dem, was wir als wahres Urbild in uns tragen, einen zweiten, für uns selbst nicht wahrnehmbaren Menschen in uns. Dieser »Andere« wirkt in unseren Schicksalen fort. Er führt uns zu Menschenbegegnungen, er verursacht Krankheiten und läßt uns Dinge erfahren, die Leid und Schmerz bereiten, Schicksale, in denen wir aufs neue schuldig werden können oder aber auch unser Schuldkonto durch positive, im tiefsten Sinne menschliche Taten ausgleichen können. Dieser zweite Mensch ist ein »Doppelgänger«, der uns unbewußt immer begleitet. Sein Wesen ist nicht physischer, sondern ätherischer Natur.

»Dieser Teil unseres Wesens will tätig sein, er fühlt sich der Erde verpflichtet«, schreibt Friedrich Husemann in »Der Beitrag der Geisteswissenschaft zur Heilkunst, I.« Damit ist gesagt, der Doppelgänger fühlt sich verpflichtet, den Menschen auf Erden zum Ausgleich seiner Taten, seiner Schulden zu führen, denn nur auf der Erde ist das möglich. Er drängt den Menschen auch in die Krankheit, ins Leid, in den Schmerz, denn diese sind in der Lage, diesen Doppelgänger zu läutern. Ja, er hält den Menschen so lange wie nur irgend möglich an der Erdenwelt fest, um diesem Leben im Leib das äußerste abzugewinnen. Manchmal bäumt sich der Mensch auf in Angst und Furcht, in Verzweiflung, weil er den Schmerz scheinbar nicht zu ertragen vermag. Der ganz tief im Menschen verankerte Egoismus wehrt sich gegen die Macht des Doppelgängers, der letzten Endes als ein Geschenk der guten göttlichen Mächte an den Menschen erkannt werden muß. Zunächst mag der Mensch seinem Doppelgänger nicht ins Auge schauen, denn er sähe, würde er ihn schauen, die ganze Verzerrung seiner eigenen Menschlichkeit in ihm. Diese Verzerrung ist immer viel ausgeprägter, als wir meinen, und viel schrecklicher, als wir ertragen können.

Es gibt Situationen, in denen wir diesem Doppelgänger im Bewußtsein näher sind als sonst, z. B. wenn wir bestimmte Schicksalsnotwendigkeiten, in die wir hineingetrieben werden, vorausahnen und uns Furcht überkommt, oder wenn wir vor einer Krankheit stehen oder gar dem Tod entgegengehen. Es gibt manche Erfahrungen darüber; Friedrich Husemann hat in seinem Aufsatz auf die Erfahrungen von Friedrich Nietzsche, Axel Munthe, Oscar Wilde, Franz Werfel u. a. zurückgegriffen. In jüngster Zeit wird eine Tragödie auf deutschen Bühnen aufgeführt, die das tragische jüdische Schicksal Otto Weiningers darstellt. Der Autor des Stückes »Weiningers Nacht«, Joshua Sobol, stellt dar, wie Otto Weininger von der Macht seines Doppelgängers, den er von Zeit zu Zeit übersinnlich wahrnimmt, zu all den Taten und Gedanken veranlaßt wird, die ihn derart in die Enge treiben, daß er schließlich im Selbstmord endet.

Wer mit alten Menschen zu tun hat, erlebt die Gewalt des Doppelgängers, der sich in dem letzten Abschnitt des Lebens machmal mit größter Entfaltung seiner Kraft geltend macht, in tragischen und oft chaotischen Endverläufen dieses Lebens. Durch Sklerotisierungsprozesse des Leibes hat das Ich keine Macht mehr über den vom eigenen Willen beeinflußten Verlauf der Handlungen. Der alte Mensch folgt dann partiell oder ausschließlich einem Antrieb, der seine Kraft nicht vom Ich durchdrungenen Denken und dessen Logik bezieht. Der Antrieb tritt vielfach dennoch mit einer Logik zutage, die ob der ihr innewohnenden hochgradigen Intelligenz erschrecken läßt. Diese Intelligenz und die aus ihr hervorgehenden Handlungen sind nicht nur im sozialen Zusammenhang unerträglich und verwirrend, sie sind oft auch zerstörerisch und kränkend. Das bedeutet: Dieser Antrieb ergreift den Willen des Menschen mit einer übermenschlichen oder untermenschlichen Gewalt.

Dann ängstigen die verschiedensten Erscheinungsformen die Verwandten, Freunde, Mitbewohner und Pflegenden. Sehr edle, früher hoch verehrte Menschen beginnen plötzlich zu stehlen oder unter Umständen ihren eigenen Besitz – Gold, Edelsteine und Geld – zu vergraben oder zu verstecken. Andere Menschen sprechen plötzlich nicht mehr in ihrer Muttersprache, sondern nur noch in einer anderen, manchmal auch einer alten Sprache oder in einem völlig unverständlichen Dialekt in völliger Abwesenheit ihres Ich. Einige sprechen, andere lallen. In einzelnen Fällen mündet solches »Sprechen« in einen fortdauernden, von einiger Lautstärke getragenen Sprachfluß, der Tag und Nacht das ganze Haus erfüllt, der nicht anzuhalten ist und den Betreffenden auch nicht ermüdet. Für die Umgebung ist es fast unerträglich. Wieder andere Menschen werden in unangenehmer Weise aggressiv. Sie schimpfen, sind mit nichts zufrieden und schlagen andere womöglich mit dem Stock. Es gibt auch Autoaggressionen, die zur Zerstörung des eigenen Körpers führen. Diese Menschen sind in ihrem Gebaren so verändert, daß alle anderen im Umkreis erschrecken. Man meint, diese Menschen nicht wiederzuerkennen. Schließlich gibt es Formen von Begehrlichkeit, die nicht mehr beherrscht werden – wie eben gerade dieser »Andere«, der Doppelgänger, der die Seele an die Leiblichkeit fesseln will. Die Begehrlichkeit wird entweder mit größter Raffinesse oder unter Umgehung aller menschlichen Ordnung – manchmal auch mit Gewalt –

befriedigt. Gerade in bezug auf solche Erscheinungen werden die Menschen im sozialen Umfeld immer wieder zu Worten wie »dämonisch«, »Besessenheit« oder »teuflisch« hingerissen. So unrecht haben sie gar nicht, denn immer, wenn ein Ich seinen Platz freigibt und die Kraft des Doppelgängers in diesen »Raum« eindringt, wird dieser Gegenspieler des Ich zum »Besitzer« des Menschen. Es gehört wohl ein wenig Mut dazu, diesen noch vielfach als Aberglauben belächelten Begriff wieder aufzunehmen, aber seit es einen Hitler gegeben hat, ist er nicht mehr gar so verpönt.

Eine dämonische Besessenheit scheint insbesondere dann aufzutreten, wenn der Mensch in seinem Leben Taten vollbracht hat, die – ihm bewußt oder unbewußt – magisch gewesen sind oder ihn in den Bereich der Magie gezogen haben. Wer eine Maschine nach den Vorschriften bedient, die ihm seine Leitung gegeben hat, handelt nicht magisch. Wer aber, wie z. B. Politiker, mit Zeichen, Worten und Gesten die Volksmassen traktiert – er selbst nennt es vielleicht anders – und dadurch Gruppen schafft, die aus einem geistig nicht durchschauten, aber eben doch geistigen oder ungeistigen Antrieb handeln, der wirkt magisch. Er ruft geistiges Wesen herbei, das nicht zum Heil der Menschheit wirkt. Die ganze Sexual- und Bildmagie, die heute unsere Zivilisation beherrscht, gehört auch dazu. Die Menschen, die aktiv an solchen Bestrebungen beteiligt sind, rufen Dämonen herbei, die letztendlich auf sie selbst zurückschlagen. Die Dämonen sammeln sich gewissermaßen beim oder im Doppelgänger. Wie Mephisto am Ende des Faust-Lebens (Goethe) die Lemuren und andere Geister herbeiholt, die Faustens Seele an die Erde fesseln sollen, so läßt der mephistophelisch tingierte Doppelgänger am Ende eines Lebens die Dämonen frei, die sich jetzt der Leibeshülle dessen bedienen, der sie selbst herangezogen hat. Das Ich hat seine abschirmende Wirksamkeit verloren. Im Evangelium lesen wir mehrfach Berichte von solchen Besessenen, die durch den Christus-Jesus geheilt werden.

Ein erschreckendes Beispiel aus moderner Zeit berichtet der Arzt Wilhelm zur Linden in seinem Buch »Blick durchs Prisma«:

»Bei dem Kranken handelte es sich um einen Militärbeamten im Generalsrang, dessen Namen ich natürlich verschweige. Er litt an einem metastasierenden Krebs des Kreuzbeins, der bestrahlt und mit viel Iscador behandelt war. Seit neun Monaten lag der beinahe zwei Meter große Mann auf dem Bauch und war fast unbeweglich durch die außerordentliche Schmerzhaftigkeit des Leidens. Es war ein ungemein feiner, verinnerlichter Mensch, von dem ich kaum je ein Wort der Klage gehört habe. Mit seiner Frau, einer ebenfalls sehr feinorganisierten Persönlichkeit, bestand offensichtlich das allerbeste Einvernehmen. Ich weiß nicht mehr, ob das Ehepaar mit der Anthroposophie verbunden war oder mit der Christengemeinschaft, jedenfalls waren es religiöse Menschen.

Drei Kinder waren vorhanden: der Älteste, 35 Jahre alt, Diplomingenieur, der Zweite etwas jünger, ebenfalls Techniker, und eine Tochter von 28 Jahren, die damals als Krankenschwester in einem Lazarett tätig war.

Es war ein grauenvolles Krankenlager, das Herr W. durchzustehen hatte. Ich versuchte seine Beschwerden zu lindern, so gut es ging. Man mußte ihm eigentlich den Tod wünschen, aber seine Zeit war offenbar noch nicht erfüllt. Es entstand im Laufe der Wochen eine von meiner Seite auf größter Hochachtung vor der mannhaften inneren Haltung und der menschlichen Feinheit sich gründende Bindung zwischen mir und ihm; durch meinen Dienst als Militärarzt und meine zivile Praxistätigkeit war ich auf das Äußerste in Anspruch genommen und konnte daher nur alle paar Tage die Zeit zu einem Besuch herausschlagen.

Eines Tages bat mich Frau W. telefonisch, doch bald zu kommen und den alten Arztfreund Dr. Jaerschky mitzubringen, ihr Mann habe erklärt, er stürbe jetzt, und dabei habe er den Wunsch ausgesprochen, sich von seinen Ärzten zu verabschieden.

Erst spät am Abend fand ich Zeit, die Fahrt durch halb Berlin zu machen, wobei ich den Kollegen Jaerschky, der bettlägerig krank war, abholte.

Als wir die Wohnung betraten, fanden wir zu unserer großen Verwunderung unseren Patienten zum ersten Mal seit vielen Monaten auf dem Rücken liegen. Am Vormittag hatte er seinen Angehörigen erklärt, die Totenträger sollten ihn als Soldaten nicht auf dem Bauch liegend finden. Er hatte seine Kinder aufgefordert, ihn anzufassen, jedes an einem Bein oder Arm, und dann hatte er das Kommando zum Umdrehen gegeben. Wie er das ohne allerstärkste Gaben von schmerzstillenden Mitteln ausgehalten hat, war uns Ärzten ein Rätsel. Dann hatte er seine Kinder einzeln zu sich gerufen, hatte jedem seine Schwächen und seine guten Charaktereigenschaften klargemacht und ihnen Ratschläge für ihr weiteres Verhalten gegeben.

Seine Söhne, denen man wahrhaftig keinen Hang zur Sentimentalität nachsagen konnte, waren auf das stärkste von der Güte und der Weisheit des Vaters beeindruckt und erschüttert.

Gegen Abend wurde er immer schwächer, und als wir Ärzte etwa um elf Uhr Abends an sein Bett traten, war der Puls kaum spürbar und das Sprechen fiel ihm sehr schwer. Dr. Jaerschky sprach an sein Ohr geneigt mit ihm und betete mit ihm. Der Kräfteverfall nahm rasch zu, etwas nach Mitternacht stand der Tod unmittelbar bevor. Da wurde Dr. Jaerschky von einer Schwäche befallen und bat mich, ihn nach Hause zu bringen, was mir eine selbstverständliche Pflicht war; der Sterbende hat unser Weggehen wohl kaum noch gemerkt; der ganze Abschied hatte sich in einer sachlich feierlichen Weise vollzogen.

Gegen vier Uhr morgens ist Frau W. wieder am Apparat: ›Herr Doktor, kommen Sie bitte sofort. Es ist etwas Furchtbares geschehen.‹ Obgleich ich am Tonfall merkte, daß etwas ganz Ungewöhnliches geschehen sein mußte, sagte ich aus meiner Übermüdung heraus: ›Aber, gnädige Frau, es kann doch nur der Tod eingetreten sein. Was denn sonst?‹ Sie antwortete: ›Nein, etwas ganz Entsetzliches. Bitte, kommen Sie.‹

Als ich eine gute Stunde später das Schlafzimmer betrat, fand ich Herrn W. wieder auf dem Bauch liegend vor, aber mit dem Kopf am Fußende des Bettes. Sich auf die Arme stützend, fuhr er hoch, brüllte mich mit lauter Stimme an und betrachtete mich mit dem Blick eines wilden Tieres. Rasend vor Wut, stellte er in schroffstem Befehlston alle möglichen Forderungen nach Essen und was es alles war. Von seiner vorherigen Feinheit, Höflichkeit und Bescheidenheit, ja von seinem Gesichtsausdruck, von seiner Sprechweise war nur noch ein Zerrbild, eine wüste Entstellung vorhanden. Er schäumte in wilder Raserei und stieß dabei Schimpfworte aus, die selbst ich als langjähriger Frontsoldat noch nicht gehört hatte. Daß er sich überhaupt mit dem Oberkörper so aufbäumen konnte, war mir ganz unbegreifbar. Ein ganz anderes Wesen, wie ein rasender Dämon, sprach aus dem Körper des menschlich so feinen und liebenswerten Herrn W. Ein Krebspatient, der monatelang auf sein Ende zu lebt und seine letzten Kraftreserven für den Abschied von seiner Familie und uns Ärzten verbraucht hat, bis er in Agonie verfällt, – wie kann der kurz darauf in eine solche Raserei verfallen? Diese Verwandlung war ebenso schauerlich wie ärztlich unbegreifbar.

Ich weiß heute nicht mehr, wann – also wie bald nach unserem Weggang – diese grauenvolle Veränderung bei ihm begann; jedenfalls hat er bestimmt keine aufputschende Spritze oder etwas Ähnliches bekommen. Nachts gegen halb eins hatten wir das Haus verlassen, und gegen Vier rief mich Frau W. um Hilfe, was sie aus Rücksicht auf mich bestimmt lange genug hinausgezögert hat.

Wir kamen zu dem Resultat, daß es sich nicht mehr um den uns so teuren »Verstorbenen« handeln könne, sondern daß sein Körper im Augenblick des Todes von einem dämonischen Wesen in Besitz genommen war. Diesem Erlebnis gegenüber helfen alle ›Erklärungsversuche‹ gescheiter Leute gar nichts, sie sind absolut unzulänglich; ich habe sie mir selbst vor Augen gehalten, aber es hat keinen Sinn, sie hier aufzuzählen.

Ich habe das ›Untier‹ dann irgendwie zu beruhigen versucht. Aber nach drei Tagen war Frau W. so weit, daß sie – unhörbar für die anderen – zu mir sagte: ›Wenn das Vieh doch endlich verreckte!‹ Das war eine geradezu ungeheuerliche Äußerung aus dem Munde dieser feinen liebenden Frau. Sie zeigt aber vielleicht am ehesten, wie die Situation in Wirklichkeit war. Es war einfach unerträglich, mit diesem Wesen länger umgehen zu müssen.

Ich war damals besonders stark beansprucht und konnte die Zeit für einen Besuch im Hause W. nur selten aufbringen. Fast vierzehn Tage hat dieser grauenerregende Zustand gedauert, bis der besessene Körper endlich in Ruhe gelassen wurde.«

Es ist für uns, die wir mit alten Menschen zu tun haben oder haben werden, eine große Frage: Wie gehen wir mit diesem Doppelgänger und den Wesen, die er unter Umständen mitbringt, um? Wie besänftigen wir das Wesen oder die Wesenskraft, die sich in dämonischer Weise offenbart?

Es gibt vier Elemente, über die Hilfe möglich ist. Dabei müssen wir gestehen, daß es Extremfälle wie den oben erwähnten gibt, die uns ohnmächtig zu machen scheinen. Aber in weniger extremen Fällen ist oft doch Hilfe möglich.

Die eine Hilfe kommt von der Seite der Menschen, die den Betreffenden zu betreuen haben. Sie dürfen vor allem die das Menschenbild verzerrenden Kräfte nicht in dem Sinne ernst nehmen, daß sie dagegen direkt emotional werden oder sie womöglich mit Empörung bekämpfen. Auch wenn man meint, erzieherische Maßnahmen ergreifen zu sollen, ist man zumeist damit auf falschem Weg. Man kann ein Doppelgängerwesen nicht erziehen wollen. Wir können es aber dadurch unwirksam machen, daß wir das Ich dieses Menschen ernst nehmen, es im Geist suchen und ansprechen und es gewissermaßen in die Gegenwart hereinlieben. Die richtige Ansprache kann durch Hinlenken des Menschen auf bestimmte Erinnerungen erfolgen, in denen das Ich besonders intensiv leben kann. Liebevoller Umgang mit dem Menschen, dessen Ich entfernt ist, sollte die Grundhaltung sein, aber auch Eindeutigkeit in der Führung. An die Kunst heranführende Beschäftigung und Gebet als Fürbitte oder auch als gemeinsam gesprochenes Gebet sind hilfreich. Dabei muß man bedenken, daß man damit dem Doppelgänger etwas zuführt, das er ersehnt: seine Läuterung. Es ist wie das Harfenspiel Davids, das König Saul von seinen Depressionen und Aggressionen, d. h. von seinen Dämonen, befreite. Musik, z. B. auf der Leier gespielt, ist oft ein wunderbares Heilmittel. Musiktherapeuten entwickeln gegenwärtig ein wunderbar vielseitiges Wissen von dem Umgang mit heilenden Tönen und Tonfolgen auf verschiedenen Instrumenten.

Eine andere Hilfe kommt durch den Arzt. Richtige Heilmittel sind für den Doppelgänger – so sagt Rudolf Steiner – Nahrung, die ihn in guter Weise befriedigt, die ihm das gibt, was er im Menschen sucht, aber nicht findet. Der Arzt muß wissen, mit welcher Art Heilmittel er einen in dieser Weise kranken Menschen behandelt. Er darf sich z. B. nicht wundern, wenn bestimmte, dem »alten Menschen« gegebene »Medikamente« das Dämonische sogar noch steigern. Die völlige Ausschaltung aller persönlichen Regungen des Kranken durch Medikamente beweist nicht das Gegenteil. In solchem Fall hat der Mensch unter Umständen nach dem Tod mit diesen Wirkungen zu tun, die für seine Seele zur Fessel werden.

Henrik Ibsen hat etwas von der seelenfesselnden Kraft der Elementarwesen (Trolle) gewußt. Er zeigt uns im »Peer Gynt« (zweiter Akt, 4. und 6. Szene) Peer Gynts Verbindung mit der »Grüngekleideten«, der Tochter des »Dovregreises«, führt ihn in die Gefangenschaft der Trolle, die ihn entmenschlichen wollen. Zwar erleben wir dabei Peer Gynt »nur« während des Schlafes, während einer Ohnmacht im Reich der Trolle; der Schlaf aber ist der Bruder des Todes. Was da in seltenen Augenblicken bei bedeutenden Menschen bis zum Erlebnis kommt, ist im Tod furchtbare Realität. Es ist einer von Ibsens großen Kunstgriffen, die sicher auf tiefer Erfahrung beruhen, daß diese Wesen immer dann weichen müssen, wenn die »Kirchenglocken läuten«, d. h. wenn sich eine christliche Kraft geltend macht, die die Atmosphäre von allem reinigt, was dem Menschen widerstrebt.

Damit kommen wir zu dem Dritten, dem sakramentalen Wirken. Das Sakrament kann eine solche Aura des christlichen Lebens aus der Auferstehungswelt um den alten Menschen »herumlegen«, daß er darin ganz friedlich wird. Seine Furcht, seine Brutalität, seine unmenschlichen Verhaltensweisen lösen sich in einem tiefen Frieden. Hier erlebt man als ganz moderner Mensch etwas, was den Dämonenaustreibungen im Evangelium sehr nahe kommt. Priester, die viel mit sterbenden Menschen zu tun gehabt haben, wissen davon zu erzählen.

Das wichtigste aber ist wohl, daß die Menschen selbst auf dieses Element des Doppelgängers in sich frühzeitig aufmerksam werden. Eine seelische Hygiene sollte in unserem Leben Platz greifen, die von vornherein darauf bedacht ist, das Wirken unseres Doppelgängers, seiner Kräfte zu mildern, zu beseitigen. Es wird uns das nicht immer aus eigener Kraft gelingen. Die Hilfe des Christus ist auf diesem Feld gar nicht hoch genug einzuschätzen. Ihn zu erkennen in seiner großen Liebe zu jedem einzelnen, ihm im Glauben zu begegnen, seinen Trost zu erfahren, ist in jedem Fall die Aufarbeitung des Sündenfalls, an dem wir alle teilhaben, und damit die Läuterung jener Verunreinigungen, die wir in persönlicher Schuld dem Wesen, das uns als Doppelgänger begleitet, zugeführt haben. Wird dies ganz zielbewußt von Pflegenden und Angehörigen angestrebt, so wirkt die Tat im eigenen Leben auch auf die alten Menschen befreiend, die selbst nicht mehr in Aktivität zur Verwandlung des Doppelgängers beitragen können, sondern seine Gewalt erleiden müssen. So lange der Mensch in der Vollkraft seines Bewußtseins lebt, kann er den Meißel der Selbsterziehung anwenden, der sich ihm im Spiegel der Selbsterkenntnis bildet. Verliert der Mensch die Bewußtseinskraft, ist er auf Hilfe angewiesen.

Der Doppelgänger ist ein Wesen, das sich vor der Geburt mit unserem Menschenwesen verbindet, wenn dieses also noch in der göttlich-geistigen Welt weilt. Er begleitet uns, für uns im allgemeinen unbewußt, das ganze Leben.

Der Doppelgänger kann uns bewußt werden, wenn wir selbst im Bewußtsein erstarken. Das ist die Bedingung für das bewußte Überschreiten der Schwelle zur geistigen Welt. Es ist eine individuelle Schwelle, die wir auch am Anfang und Ende einer jeden Schlafperiode überschreiten, ebenso bei Geburt und Tod. In den Fällen von Einschlafen und Aufwachen überschreiten wir sie unbewußt. Den Griechen war diese Grenze bekannt, als »Lethe-Strom«. So wurde sie damals in der mythischen Sprache genannt.

Mythologie ist die für die griechische Frühzeit angemessene Form des Wissens und der Erkenntnisübermittlung. »Lethe« ist der Strom des Vergessens. Bewußtseinserkraftung führt zur Wahrnehmung des Doppelgängers an dieser Schwelle. Wenn der Mensch aus der Geistwelt zur Erde geboren wird, muß er als geistiges Wesen in diesen Strom des Vergessens eintauchen. Wenn er in die Geistwelt eintritt – bei genügender Stärke seines inneren Wesens –, wird er diesen Strom in der anderen Richtung überqueren, und es wird ihm wieder bewußt, was er von der Geistwelt und ihrem göttlichen Wesen vergessen hatte. Hat er sich zu diesem Überschreiten gerüstet, tritt ihm als erstes dieser Doppelgänger für das Seelenauge »sichtbar« entgegen und fordert von ihm ein permanentes Bewußtsein für all sein Tun und Lassen, für das, was er an Gutem oder Schlechtem bewirkt. Die Menschen, denen das widerfährt, sind heute die Ausnahme. Für alle anderen bleibt dieser Doppelgänger bis kurze Zeit vor ihrem Tod mit ihnen auf unbewußte Weise verbunden. Er läßt von dem Menschen wenige Tage – manchmal auch wenige Stunden – vor dem Tod ab. Dann tritt der Friede des Sterbens ein, ein Vorgang, der nicht selten über alles erhaben ist: Der Mensch in seinem wahren Wesen wird sichtbar. Was ihn sonst verzerrte, läßt von ihm ab. Totenantlitze sprechen oft von dieser Befreiung eine staunenerregende, tief bewegende Sprache.

Der Doppelgänger geht in »seine Welt« und wartet darauf, sich vor einem neuen Leben wieder mit dem Menschenwesen zu verbinden. Wir können ihn nicht ändern in der Zeit zwischen Tod und neuer Geburt. So lange wir im Leben sind, ist jedoch jeder Augenblick geeignet, ihn zu verwandeln. Wir können uns in bezug auf unser Ich gegenseitig und in Gemeinschaften, die auf geistige Arbeit und Anbetung bedacht sind, durch unser christliches Verhalten zueinander stärken. Während des gemeinsamen Lebens auf Erden oder auch, wenn ein Verstorbener schon in der Geistwelt waltet und west, läßt sich an dieser Verwandlung von der Erde aus arbeiten. Dadurch sind wir in der Zukunft in der Lage, diesem Doppelgänger in anderer Weise zu begegnen und ihn zu läutern.

Es ist eine wahrhaft christliche Aufgabe, die durch nichts anderes als durch gelebtes Christentum zu bewältigen ist.

»De mortuis nihil nisi bene«; das bedeutet:»Wenn man von Verstorbenen spricht, sollte man nur auf das Gute sehen«, so sagt das Sprichwort und meint damit wohl: Das Wesen, das den Menschen in Schwierigkeiten geführt hat, ist von ihm gewichen; jetzt könnt ihr auf sein wahres und gutes Wesen euren inneren Blick lenken und es durch die richtigen Gedanken und Empfindungen, durch Gebet und sakramentales Handeln stärken. An dieser Stelle sei ein Hinweis auf Gedächtnisansprachen für die Verstorbenen erlaubt. Man ist im allgemeinen geneigt, eine Lebensbeschreibung zu geben. Heute empfindet man es als Wahrheitsliebe, wenn man auch Fehler und Schwächen der Verstorbenen nennt; und in der zuhörenden Trauergemeinde wird, wenn man von diesen Schwächen und Fehlern spricht, der Mut bewundert, den der Redner hat, wenn er so etwas ausspricht. Wenige sind sich dessen bewußt, daß sie in diesem Augenblick nicht von dem eigentlichen Menschenwesen sprechen, sondern von dessen Doppelgänger. Ob es richtig ist, diesen in dem Augenblick zu zitieren, zu dem der Mensch sich befreit zum Geist aufschwingen will, dürfte nach allem Gesagten keine Frage mehr sein. Soll man denn aber nur Schönes aus dem Leben sagen? Das wird oft als Unwahrheit empfunden. Wenn es in bloße Lobhudelei ausartet, ist es das auch. Es ist ein außerordentlich schwieriges Unterfangen und immer eine harte Prüfung für den, der es wagen muß, eine solche Rede zu halten. Aber man kann auf die Impulse achten, die ein Mensch in seinem Leben gehabt hat, auf die Art, wie diese Impulse mehr oder weniger für ihn selbst und für andere verborgen gelebt haben. Diese Impulse kann man in Richtung auf ihre Urbilder hin verfolgen. So ist z. B. das Urbild eines jeden dienenden Handelns – egal wie vollkommen dieses Dienen gewesen ist – vor dem Hintergrund der»Fußwaschung« zu erleben, wie sie im 13. Kapitel des Johannes-Evangeliums geschildert ist. Man kann das aber auch in mehr begrifflicher Sprache in bezug auf das heutige Leben aussprechen: Der Mensch hat für andere gearbeitet, ohne auf einen Lohn zu schauen; denn nur das ist Dienst. Diese Lebenshaltung ist von Rudolf Steiner in ihrem Ideal im sogenannten »sozialen Hauptgesetz« dargelegt: »Das Heil einer Gesamtheit von zusammenarbeitenden Menschen ist um so größer, je weniger der einzelne die Erträgnisse seiner Leistungen für sich beansprucht; das heißt, je mehr er von diesen Erträgnissen an seine Mitarbeiter abgibt, und je mehr seine eigenen Bedürfnisse nicht aus seinen Leistungen, sondern aus den Leistungen der anderen befriedigt werden.«

Jedes Bild des Evangeliums kann in diesem Sinne Urbild für das Handeln eines Menschen sein, dessen geistigen Impuls man erkennt. Ebenso kann man die Haltung und das Streben eines Menschen in begrifflicher Form schildern, wenn man das Ideal zeigt, das in ihm – manchmal sehr verschüttet – lebte und lebt. Es ist eine Heils-Tat für den Verstorbenen, dessen Bewußtsein für sich selbst neu erwacht, es ist eine Heils-Tat für die auf Erden Zurückgebliebenen, wenn sie den, mit dem sie gelebt und manchmal auch gekämpft haben, in diesem Licht sehen lernen. Darauf sollte ein Redner am Totenbett eines Menschen immer bedacht sein. Diese Haltung kann auch von Angehörigen, Freunden und Pflegern durch bewußte Übung vorweggenommen werden.

Es gibt auch sehr schmerzvolle Wendungen, die das Leben eines alternden Menschen nehmen kann. Eine besonders schwierige Situation tritt für alle Beteiligten ein, wenn sich die sozialen Verhältnisse, in denen der altersverwirrte Mensch betreut wurde, als nicht mehr tragfähig erweisen und er aus seiner gewohnten Umgebung herausgenommen werden muß, z. B. wenn die Einlieferung eines alten Menschen in die geschlossene Abteilung einer psychiatrischen Heilanstalt erfolgen muß. Es gibt unumgängliche Maßnahmen. Sie müssen mit aller Nüchternheit, ohne Sentimentalität, aber nicht lieblos durchgeführt werden. Das Herz der Betreuer und Angehörigen wird dabei oft auf eine harte Probe gestellt. Wer die Lage nicht durchschaut, läuft Gefahr, bei einem solchen notwendigen Schritt in Erregungszustände zu kommen, die ihm selbst schaden können. Pfleger und Angehörige sollten einen solchen

Entscheidungsschritt jedoch nie aus Ungeduld oder aus spontanem und schnellfertigem Urteil herbeiführen.

Bei diesen Entscheidungen muß man das Leistungsvermögen von Angehörigen, Freunden und Pflegenden durchaus im Auge behalten. Das Maß ihrer Möglichkeiten darf nicht überstrapaziert werden. Es geschieht nicht selten, daß sich Angehörige und Pflegende aus einer falsch verstandenen Liebe übernehmen. Vor allem sollte man sich nicht scheuen, für solch schwere Entscheidungen das Wissen und die Erfahrung anderer kompetenter Menschen einzubeziehen. Natürlich ist es schwer anzuerkennen, daß ein von außen Hinzukommender die Verhältnisse besser zu beurteilen in der Lage ist als man selbst. Aber die größere Distanz und vielleicht auch die größere Erfahrung sind nicht zu unterschätzende Faktoren. Sicher kann man zu dem Urteil kommen, daß heute die Alterspsychiatrie und Alterspsychologie – auch die der Seelsorger – noch in den Kinderschuhen steckt und vielfach auch von dem materialistischen Weltbild unserer Tage geblendet ist. Das darf aber nicht hindern anzuerkennen, daß die Technik des auf Erfahrung beruhenden Umgangs mit altersverwirrten Menschen und der menschliche Einsatz der in diesem Bereich Pflegenden heute oft ganz außergewöhnlich und qualifiziert ist. Man kann nur dankbar sein, daß es Dienende gibt, die bereit sind, solch alte Menschen unter den schwierigsten Umständen aufzufangen. Auch die ärztliche Erfahrung und Einsatzbereitschaft verdient unsere Bewunderung. Liebe und Klarheit des Denkens erweisen sich hier als unendlich heilsam.

Angst vor dem Sterben oder
das Verhältnis der Seele zum Tod in der Welt

Der Tod ist nicht nur eine Grenze, die überschritten wird, er scheint auch eine absolute Grenze zu sein – unüberschreitbar für unser Bewußtsein, abgrundtief in bezug auf unser Selbstgefühl; haben wir doch bewußt und unbewußt das Gefühl, wir müßten alles entbehren, worauf wir uns stützen können. Was ist, wenn der Leib zerbricht? Was ist, wenn unsere Erinnerung aufgehört hat? Beide haben in ihrem Fortwähren und in ihrer Konsistenz dem Bewußtsein das Gefühl einer Dauerhaftigkeit im Raum und eines Zusammenhangs in der Zeit gegeben. Was ist nun, wenn die Grundlage des dreidimensionalen Raumerlebnisses nicht mehr da ist, wenn unser räumlicher Leib und unser in der Zeit verlaufendes Leben nicht mehr an uns gebunden sind? Der Leib hat ja nicht nur das räumliche Erlebnis in sich, sondern er hängt mit der räumlichen Gestalt der Erde zusammen; er liegt, sitzt und steht auf ihr, geht über sie hinweg. Und in bezug auf die Zeit leben wir im Rhythmus von Tag und Nacht, im Rhythmus der Jahreszeiten und in dem zeitlichen Kontinuum zwischen unseren Vor- und Nachfahren, in der Geschichte der Menschheit. Beides gibt unserem Bewußtsein und unserem Selbstbewußtsein eine sichere Stütze. Diese fällt nun weg.

Es gibt Ausnahmesituationen, die uns auf besondere Verhältnisse aufmerksam machen können. Wenn z. B. Bomben fallen und jeden Augenblick das ganze Haus, in dem man wohnt, zusammenstürzen kann, dann dehnt sich die menschliche Empfindung plötzlich bis in die Wände des Hauses aus und spürt bei jeder Erschütterung, ob die Mauern halten oder bersten wollen. Man spürt es ihnen mit einem stark erweiterten, vom Leib fast unabhängig gewordenen Tastsinn ab. Diese Tastwahrnehmung ist mit Angst verbunden. Ein anderes Beispiel ist das Erlebnis eines Erdbebens.

Was geschieht, wenn unsere Erde bebt? Bis zu diesem Augenblick sind wir voller Vertrauen, daß uns die Erde trägt, und dieses Vertrauen hat die Qualität einer starken Glaubenskraft. Wenn wir uns hinstellen oder uns auf einen Stuhl setzen oder ein Haus bauen, immer glauben und vertrauen wir darauf, daß die Erde hält, daß sie uns trägt, daß sie uns nicht in sich verschluckt. In dem Augenblick, in dem sie zu beben beginnt, tastet unser ganzes Wesen nach Halt. Findet dieses Tasten keinen Halt, so ergreift uns eine panische Angst. Es gibt wenig Menschen, die in solchen Augenblicken die Ruhe bewahren. Wir haben dann das Vertrauen verloren, daß die Erde hält. Unser Glaube an die Dauerhaftigkeit und Absolutheit der räumlichen Welt ist erschüttert. Wir befinden uns in totaler Unsicherheit und tasten nach allen Seiten. Das Keinen-Halt-Finden bringt die Angst mit sich.

In dieser Situation befindet sich der Sterbende: Er hat sich sein ganzes Leben vertrauensvoll mit der Seele auf seinen Leib gestützt. Jetzt erlebt er, daß dieser Leib nicht mehr trägt. Unbewußt lebt unser Tastvermögen ständig mit dem »Gerüst des Leibes«, dem geistigen Teil unseres Leibes, der in wahrnehmender Verbindung unseren Stoff trägt. Wenn nun dieses Gerüst schwach wird, ihm der Stoff zu entfallen droht und wir dessen gewahr werden, muß Angst einziehen, weil dieses Tasten keinen sicheren Grund mehr findet. Hat man ein Haus aus Holz gebaut und steckt eines Tages seinen tastenden Finger in einen morschen Balken, und es wird einem die ganze baufällige Situation plötzlich klar, so wird man sagen: Ich habe Angst, daß das Haus zusammenbricht; ich verlasse es.

Bezüglich unseres Leibes sind wir in einer anderen Situation. Wir sind an das Haus gebunden, und zwar so lange, bis es zusammenbricht. Wir leben in Erwartung des endgültigen Zusammensturzes und müssen die Angst aushalten. Manche Menschen folgern aus dieser Tatsache: »Es ist doch klüger, wenn ich vorher, vor dem totalen Zusammenbruch, aus meinem ›Haus‹ ausziehe. Ich brauche dann nicht all die Ängste und die mit dem teilweisen Zusammenbruch verbundenen Schmerzen, Nöte und Qualen durchzumachen. Arzt, beende mein Leben mit einer Spritze oder gib mir ein Medikament, das mich ›eilends trunken macht‹!«

Wir können diese Bitte heute vielfach hören. Es sind unendlich viele Ärzte, Pfleger, Schwestern u. a. in der Situation, daß sie in dieser Weise gebeten werden, daß sie dem auf direkte oder indirekte Weise nachgekommen oder theoretisch bereit sind, dem nachzugeben. Grund ist ihr Mitleid. Und mag manchmal auch der Wunsch um Arbeitserleichterung im Hintergrund stehen, so bleibt doch die Frage: Warum soll der Mensch so viel Angst und Not durchleiden, wenn wir dessen ganz gewiß sind, daß er sterben wird? Warum verhält es sich mit unserem individuellen Leben im Körper nicht wie mit dem Haus, dessen Balken morsch sind? Warum sollen wir aushalten bis zum bitteren Ende?

Diese Frage läßt sich sachgemäß nur beantworten, wenn man den Blick auf die Angst richtet. Angst entsteht immer da, wo unser inneres Tastvermögen keinen Halt findet. Das gilt im sozialen wie im körperlichen Leben. Aber die Angst kann gerade darauf aufmerksam machen, was alles im Leben nicht trägt, was alles vergänglich ist. Die Angst kann, wenn wir sie zum Wahrnehmungsorgan werden lassen, mit letzter Sicherheit sagen, wo der Schein der Beständigkeit trügt. Und Sicherheit ist das einzige, was sich der Angst entgegenstellen kann.

Eine Geschichte erzählt von zwei Offizieren des Ersten Weltkriegs. Sie standen beide im Schützengraben nebeneinander und erwarteten den Angriff des Feindes mit gezückter Pistole. Dem einen zitterten die Hände vor Angst, und der kalte Schweiß lief ihm den Rücken hinunter. »Sie haben ja Angst«, sagte der andere. »Ja«, erwiderte der erste. »Wenn Sie so viel Angst hätten wie ich, wären Sie längst weggelaufen.« Der Ängstliche hatte verstanden, daß man vor der Angst nicht weglaufen darf, daß man sie vielmehr aushalten muß und an ihr innere Stärke entfalten kann. Das ängstliche Tasten kann dem Menschen aber nicht nur Wahrnehmungsorgan für die nicht tragfähigen, unbeständigen und vergänglichen Verhältnisse des Lebens werden, es kann auch wahrnehmungsfähig für das Dauernde machen, in dem der Mensch seinen ewigen Grund fühlt. Wie wunderbar ist es, wenn ein Kind, das vor Angst einer Situation entflohen ist, sich im Schoß der Mutter bergen kann. Alle Angst weicht dann der Liebe, mit der die Mutter das Kind einhüllt. Die Mutter ist zwar auch ein vergängliches Wesen, aber die Liebe nicht. Die Liebe ist ein Ewiges, Unvergängliches.

Was hier das Kind in einem bestimmten Augenblick erfährt, das kann für alle Menschen Erfahrung werden, die Bestand hat, wenn sie erst das Organ dafür ausbilden. Dieses Organ bildet sich im Innern mit Hilfe der Angst. Das angstverursachende Tasten nach Halt endet erst, wenn es den sicheren Grund im Ewigen gefunden hat. Das ist der Grund, aus dem Christus Jesus zu den Jüngern sagt:

»In der Welt habt ihr Angst,
aber fasset Mut,
ich habe die Welt überwunden.«

Darin liegt zweierlei: Im Ich des Christus waltet die ewige Liebe, die sich den Menschen hingibt. Die Liebe muß der Mensch als tragenden Grund finden. Das Ich des Christus hat auch den Geistleib des Menschen mit ewigem Sein durchdrungen. Seine geistige Leiblichkeit, die er von dem Erdenstoff unabhängig gebildet hat, indem er durch den Tod ging und stoffrei diesen Leib aus dem Grabe erhob, hat seither Ewigkeitscharakter. Jeder Mensch kann sich damit verbinden.

Kranken und Sterbenden wird aus diesem Grund die Krankenkommunion, das Sakrament von Brot und Wein, gespendet. Es handelt sich dabei nicht um eine symbolische Handlung, »die in ihrem Gehalt mehr aussagt, als individuell geformte Worte«, und deswegen stärker auf den Sterbenden wirkt. Es ist die Realübertragung der »Geistleiblichkeit« des Christus auf den Menschen. Leib und Blut des Christus treten zu dem müde gewordenen Geistleib hinzu. Daraus entsteht eine ewige Anziehungskraft zum Christus-Ich. Es sind in diesem Vorgang unendliche Geheimnisse verborgen, die wir hier nicht ausschöpfen können.

Eines aber wird sofort verständlich, wenn man es real nimmt: Indem wir diese neue Geistleiblichkeit eines vergeistigten, gottdurchdrungenen Erdenleibes mit jener Wahrnehmungsfähigkeit ertasten, die uns in Unsicherheit und Angst hat leben lassen, bekommen wir Sicherheit, fühlen wir uns getragen und angezogen von der ewigen Liebe. Tiefe Geborgenheit zieht in die Seele ein. Aus Angst wird Glaube, und dieser Glaube ist die »von oben her« tragende Kraft. Wenn wir unseren Erdenkörper als »von unten her« gebildet empfinden, verstehen wir dies »von oben her« sofort.

»Gerettet ist das edle Glied
Der Geisterwelt vom Bösen.
Wer immer strebend sich bemüht,
Den können wir erlösen.
Und hat an ihm die Liebe gar
Von oben teilgenommen,
Begegnet ihm die selige Schar
Mit herzlichem Willkommen.«
(Goethe, Faust II)

Es wird hier ganz besonders deutlich, daß alle, die das Sterben von Menschen begleiten, in einem lebendigen Üben der Liebeskräfte stehen sollten. Menschenliebe erwächst nur aus ewiger Liebe; Menschenliebe erkaltet im Materialismus.

Die heilige Handlung, die auf ihrem Höhepunkt zum heiligen Mahl von Brot und Wein, von Leib und Blut Christi, führt, hat man in früheren Zeiten »Agape« genannt, die Liebe.

»Es gibt so bange Zeiten,
Es gibt so trüben Mut,
Wo alles sich von weiten
Gespenstisch zeigen tut.

Es schleichen wilde Schrecken
So ängstlich leise her,
Und tiefe Nächte decken
Die Seele zentnerschwer.

100

Die sichern Stützen schwanken,
Kein Halt der Zuversicht;
Der Wirbel der Gedanken
Gehorcht dem Willen nicht.
Der Wahnsinn naht und locket
Unwiderstehlich hin.
Der Puls des Lebens stocket,
Und stumpf ist jeder Sinn.

Wer hat das Kreuz erhoben
Zum Schutz für jedes Herz?
Wer wohnt im Himmel droben,
Und hilft in Angst und Schmerz?

Geh zu dem Wunderstamme,
Gib stiller Sehnsucht Raum,
Aus ihm geht eine Flamme
Und zehrt den schweren Traum.

Ein Engel zieht dich wieder
Gerettet auf den Strand,
Und schaust voll Freuden nieder
In das gelobte Land.«

(Novalis)

Paulus beschreibt diesen Vorgang des Neugewinns menschlichen Seins im 5. Kapitel des 2. Korintherbriefs. Er benutzt das Bild der Behausung des Menschen für den zerbrechlichen, natürlichen Leib wie für den Leib, der aus den Kräften des göttlichen Vaters für den auferstandenen Christus neu hat erzeugt werden können. Und er spricht davon, wie dieser Leib vervielfältigt werden kann. Wir haben dann einen neuen Leib, eine neue Behausung »aus Gott«, wenn wir uns dem Christuswirken in rechter Weise öffnen können.

»Wir wissen, daß, wenn die Hülle zerbricht, in der wir wie in einem Zelt wohnen, wir eine schützende Hülle aus Gott haben; eine Behausung, die nicht mit Händen gebaut ist, sondern ewig ist und den Himmelswelten angehört. Darauf ist unsere ganze Sehnsucht und unser Streben gerichtet, mit dieser Hütte, die uns aus geistigen Welten zuteil werden kann, überkleidet zu werden, damit wir bekleidet und nicht entblößt dastehen. Solange wir in dem irdischen Zelte wohnen, haben wir schwer zu ringen: Wir möchten nicht entkleidet, sondern überkleidet werden. Das Sterbliche in uns soll ganz in das wahre Leben aufgenommen sein. Der Gott, der uns zu diesem Ziel erschaffen hat, hat uns die Erstlingsgabe des Geistes (in Jesus Christus) gegeben. So sind wir voller Zuversicht! Wir wissen: Solange wir im Leibe leben, sind wir dem Herren noch fern. Wir wandeln noch im Glauben und noch nicht im Schauen. Wir sind aber voller Zuversicht: Lieber möchten wir ohne die Hülle des Leibes sein, wenn es uns nur gelingt, dem Herren nahe zu sein.«

Folgen der Angst oder
die Ergebenheit in das Sterben

Aus dem dargestellten wichtigen Erleben der Angst kann folgen, daß jeder Mensch ein bestimmtes Maß an Angst absolviert, ein Maß, das in seiner eigenen Wesenheit liegt, die so lange nach dem ewigen Sinn Ausschau hält, bis sie ihn gefunden hat. Und weder im anklagenden noch beleidigenden Sinne ist zu sagen: Die Angst vor dem Tod sollte sich niemand durch die Bitte um Aufhebung des Lebens nehmen; er sollte auch nicht, ihr feige ausweichend, sich selbst das Leben nehmen. Er sollte vielmehr den Mut haben, sich nach dem umzuschauen, was ihn trägt. Damit ist jeder Mensch natürlich ganz entschieden auf seine Umwelt angewiesen, darauf, daß diese ihn mitträgt, ihm hilft, die entängstigende Liebe zu finden, derer er in seinen schwersten Stunden bedarf. Es wird heute oft dem »Recht auf den eigenen Tod« das Wort gesprochen. Verschiedene Menschen verstehen darunter sehr Unterschiedliches. Jean Amery versteht darunter in seinem Buch »Hand an sich legen, Diskurs über den Freitod«, sich selbst den Freitod geben zu können. Er tat es im Eingeständnis völliger Glaubenslosigkeit, obwohl er in seinem engsten Umkreis das Vorbild der Glaubenden wahrgenommen hat und nicht umhin konnte, diesen seine Bewunderung zu zollen. Andere Menschen meinen mit diesem Slogan, daß sie – so oder so – nicht an ihrem Tod gehindert werden wollen. Sie möchten medizinisch so behandelt werden, daß ihr Leben nicht durch Medikamente, die sie über ihre eigene Lebens- und Leibeskraft hinwegtäuschen, verlängert oder ihr Sterben verzögert wird, schon gar nicht durch die Aufnahme in eine Intensivstation. Sie haben ein Patiententestament* gemacht und tragen die

* Patiententestament, Unterlagen zu bestellen bei: Verlag Klaus Vahle, Postfach 410644, 1000 Berlin 41

rote Karte in ihrer Brieftasche immer bei sich, die jedem Arzt besagt, daß ihm ein Patientenschicksal in die Hände gelegt worden ist, dessen Leben er nicht verlängern und dessen Willen er respektieren soll.

Wir können uns viel vornehmen. Oft kommt es ganz anders, als wir befürchtet oder vermutet haben. Zu den Vermutungen gehört die Überzeugung, man habe keine Angst und bekomme auch keine Angst. Diejenigen, die Sterbende begleiten, wissen, wie viel Angst es gibt und daß sie oft in der merkwürdigsten Verkleidung sichtbar wird.

Das Folgende ist nicht an Menschen gerichtet, die durch Unfall, Blitzschlag oder Herzinfarkt, der zum sofortigen Sterben führt, mitten aus dem vollen Leben gerissen werden, vielmehr an alle Menschen, die langsamer auf den Tod zugehen und denen sich die Todesnähe in einer Krankheit offenbart. Ob man den sogenannten Sekundentod oder den langsamen, vom Bewußtsein begleiteten Sterbeprozeß als größere Gnade bezeichnen soll, muß offen bleiben. Vielleicht ist sogar das langsame Zugehen auf das Sterben vor einem höheren Bewußtsein das Gnadenvollere, weil es Zeit zur Umgewöhnung von den irdischen Verhältnissen in die Verhältnisse des nachtodlichen Lebens läßt.

Der erste Schritt des Bewußtseins in die Todesnähe ist gewöhnlich die Konfrontation mit einer Krankheit, von der man wissen kann, daß sie früher oder später mit dem Tod enden wird. Manche Menschen müssen sich sehr früh an diese Erkenntnis gewöhnen. Immer ist damit ein Schock verbunden. Er kann mehr oder weniger groß sein, aber ein Ruck geht doch durch den ganzen Menschen; er muß mit dieser Erkenntnis fertig werden. Manche Hoffnung steigt auf, daß der Arzt sich doch geirrt haben könnte. Ob es wirklich so sein müsse, kann es nicht auch ganz anders verlaufen? Schon jetzt? Ist der Mensch noch dazu in der Lage, geht er jetzt vielleicht erst einmal zu einem anderen Arzt. Gibt es nicht doch Methoden, um dieser Krankheit Herr zu werden? Man fängt an zu lesen. Gute Freunde, denen gegenüber man sich ausgesprochen hat, um sich erst einmal zu erleichtern, bagatellisieren alles und schleppen einen Haufen Bücher und Zeitschriften an. Man weiß bald »alles« über die Krankheit, und man kennt viele Versprechungen, wie diese Krankheit gemeistert werden kann: homöopathisch, diätetisch, naturheilkundlich, schulmedizinisch, hormonal, philippinisch und vieles andere mehr. Ist man ein wacher Mensch, wird man über diese Fülle, diese Euphorie der Anpreisungen mißtrauisch und gelangt zur Selbstbesinnung. Ist man hingegen leichtgläubig und träumerisch veranlagt, geht man gleich auf etwas ein. Aber es gibt natürlich auch das andere, daß der Betroffene zunächst einmal in Dunkelheit versinkt. Er kann es nicht fassen, daß es nun dem Ende zugeht. Selbst wenn er sich auf den Tod vorbereitet hat, ist diese Erkenntnis eine schwere und bedrückende Last, auch wenn er sich oft gesagt hat, daß er wohl sterben möchte. Dieser Schock reicht bis in die Atmung, den Kreislauf und die Verdauung und verändert alles. Was ist jetzt am Platze?

Wenn nötig, sollte man zunächst einen Arzt seines Vertrauens aufsuchen. Im Sinne dieses Buches ist es, wenn der Arzt die Gedanken, die hier niedergelegt sind, ebenfalls vertreten kann, denn zu einer guten pastoral-medizinischen Zusammenarbeit gehören Arzt und Pfarrer. Sie müssen dem Patienten ein Verständnis dafür nahelegen können, was die Krankheit, auch die Krankheit zum Tode, für den Menschen bedeutet. Es muß dem Patienten gesagt werden können: Krankheit ist nicht nur ein Symptom des Leibes: »Du hast Deine eigene Krankheit, sie gehört zu Dir. Wenn Du Dich recht verstehst, hast Du Dir diese Krankheit gesucht, angeeignet, aus einem tiefer schauenden, höheren unbewußten Wesen, das Du auch bist. Dieses höhere Selbst sucht seinen eigenen Fortschritt, auch wenn er nur durch Leid hindurch möglich ist. Dieses Dein eigenes höheres Wesen ist sehr mutig, sehr weise und in die Zukunft blickend, genau wissend, was Dir bekömmlich ist. Wenn Du jetzt krank geworden bist, so könnte der Arzt Dir helfen, eine Zeitlang diese Krankheit zu überlisten, damit Du noch eine Weile wie bisher leben kannst. Er kann Dir aber auch anbieten, alles zu tun, damit Du mit den Kräften, die Du selbst in Dir hast, zurechtkommst, wie es das Maß dieser Kräfte zuläßt. Er kann die selbstheilenden Kräfte anregen, so lange, bis sie nicht mehr wollen oder nicht mehr können. Er wird Dir nichts geben, was Deine Wesensglieder an den verbrauchten Leib fesselt. Dadurch würde nur ein Scheinleib gestählt und aufgebaut, der die anderen Wesensschichten nicht freigeben könnte und das Sterben seines menschlichen Charakters – jedenfalls zum Teil – entkleiden würde. Das Sterben des eigenen Todes wäre damit unmöglich.«

Das ist zum Mut des Menschen gesprochen, nicht zu seiner Schwäche. Und der Patient wird sich im allgemeinen bei seiner Menschenwürde angesprochen fühlen und wird gerade denen Vertrauen entgegenbringen, die seinen Horizont erweitert, die ihm etwas klargemacht und etwas zugemutet haben. Wenn der Seelsorger mit diesem Menschen auch noch die wichtigsten Stationen des Lebens anschaut, der Reichtum des Erfahrenen aus dieser Rückschau hervorgeht und Dankbarkeit die Grundstimmung der Seele wird, dann kann der dem Tod Entgegengehende mit der Erkenntnis leben – zumal, wenn er sich dessen bewußt werden kann –, daß er einen Begleiter auf seinem Weg hat, dessen Nähe er sich nicht durch falsches inneres Begehren verscherzen darf. »Ich bin bei Euch alle Tage bis an das Ende der Erdenzeit.« Er kann sich dieses Wortes in diesen Stunden ganz besonders bewußt werden, denn mit ihm ist eine Tatsache ausgesprochen, die sich auch auf die Erdenzeit des eigenen Lebens bezieht.

Bei alledem ist aber auch zu sagen: Die Ärzte und Pfleger müssen vorsichtig sein. Nicht jede Stunde ist für den Patienten die rechte, zu der er sich dem Tod erkennend gegenüberstellen kann. Oft bedarf es einer behutsamen Vorbereitung, bis er es aufnehmen kann. Am schönsten und für den Kranken außerordentlich bedeutsam ist es, wenn er dem Arzt oder der Schwester oder dem Pfarrer selbst den Zeitpunkt benennen kann und man ihm in Geduld bis dahin Zeit läßt. Oft liegt die Frage oder das Bekenntnis auf den Lippen des Sterbenden, und er bedarf des »Hebammendienstes« seines Nächsten, um es aussprechen zu können. Ein großes Unglück tritt ein, wenn man dem Patienten die Wahrheit verschweigt oder gar die Unwahrheit sagt. Die Entwicklungen, die sich dann anbahnen, sind in den meisten Fällen sehr entwürdigend. Das Theater, das dann gespielt wird, ist eine Groteske. Es ist aber auch bei richtigem Erkennen der Situation und bei klarem Einwilligen in die einzig richtige Behandlung nicht gesagt, daß nicht die nächsten Stunden den Menschen in eine tiefe innere Krise führen. Die ganze Natur des Menschen, sein Lebenswille, auch sein Egoismus, bäumen sich auf gegen das, was er im Bewußtsein einsichtsvoll anerkannt hat. Dieses Aufbäumen und dieser Protest sind manchmal gewaltig, ja der Mensch wird in diesen Stunden für die ganze Umgebung bedrohlich oder unausstehlich. Das kann so weit gehen, daß er alle, die sich ihm nahen wollen, unbewußt mit dem Tod gleichsetzt, sie mit allen Methoden abwehrt, die ihm zu Gebote stehen. Mit Häßlichkeit, Unverschämtheit, Aggression in jeder Form wendet er sich gegen alle, auch gegen den Arzt, dem er zuvor noch sein volles Vertrauen entgegengebracht hatte.

Man kann das an einem Beispiel wohl am besten verdeutlichen. Eine Frau wurde im Alter von etwa 50 Jahren mit ihrer Krankheit konfrontiert. Zunächst nahm sie alles an. Dann legte sie sich ins Bett und wurde sowohl den behandelnden Ärzten als auch den Schwestern gegenüber so aggressiv und häßlich, daß keiner mehr das Krankenzimmer betreten mochte. Der Pfarrer wurde aufgefordert, sich um die Patientin zu bemühen. Er versuchte es, wieder und wieder versuchte er es. Viermal wurde er hinauskomplimentiert; daß er dennoch den Mut faßte, erneut hineinzugehen, lag wohl in der Erkenntnis begründet, daß es dieser Mensch mit sich selbst schwer hat und davon erlöst werden möchte. Beim fünften Mal kam dann auch die Frage: »Was wollen Sie eigentlich, daß Sie immer wieder kommen?« »Ihnen helfen, denn Sie sind ja in Not!« »Woher wissen Sie das?« und aus der nun folgenden Antwort entstand ein einstündiges Gespräch, das die Situation des Patienten vollkommen verändert hat, auch das Verhältnis zu den Ärzten und Pflegern. Dieses Gespräch hat dann noch viele weitere zur Folge gehabt, und das Sterben war ein friedliches, großes Geschehen.

Es kann aber auch das andere Extrem in Erscheinung treten: Der Mensch begibt sich in eine große Illusion, in die er sich förmlich hineinsteigert. Bei humorvollen Persönlichkeiten, die man aus dem Leben kennt, mag es zunächst noch gar nicht auffallen, daß sie mit ihren Scherzen und mit ihrer Lustigkeit den Ernst der Situation überspielen. Manche können das aus Selbstbeherrschung auch ganz gut und treiben vor den Mitmenschen ihr Spiel. Aber vielen ist es doch auch um eine halb- oder unbewußte Verschleierung der Schwere zu tun, die im Untergrund ihres Wesens waltet.

Wiederum mag ein Beispiel für eine solche Situation stehen. Ein Maler, der schwer krebskrank war und dem man weitgehend das fortgeschrittene Stadium seiner Krankheit offenbart hatte, erzählte immer wieder, daß er auf dem Weg der Genesung sei und in den nächsten Tagen entlassen würde. Für die Zeit, die ihm noch bliebe im Leben, habe er große Pläne. Noch wenige Stunden vor dem Tod gab er diese Pläne preis: Er habe ein kleines Vermögen angespart und wolle damit eine Villa kaufen. Freunde hätte er genug, die sich daran beteiligen würden. Im Obergeschoß wolle er dann mit Frau und Sohn wohnen. Die großen Räume im Untergeschoß sollten als Ausstellungsräume hergerichtet werden, da sollten dann die norddeutschen Maler und Bildhauer ihre Arbeiten ausstellen können. Er freue sich schon darauf, ihnen diese Möglichkeit eröffnen zu können. Natürlich wollte er auch seine eigenen Bilder ausstellen. Er starb mit großem Erschrecken.

Die beiden geschilderten Zustände, die Tendenz zu Verhärtung und Abwehr einerseits, zum Abheben in die Illusion andererseits, stellen zwei große Versuchungen dar, denen der Mensch im Zugehen auf den Tod ausgesetzt ist. Sie wollen ihn auch in diesem Augenblick noch von dem dem Menschen zugemuteten Ich-Weg zum Sterben abbringen. Sie können auch im Wechsel an den Menschen herantreten.

Wer diese Versuchungen richtig bestanden hat, geht dann dazu über, seine Verhältnisse zu ordnen. Er trifft Anordnungen. Er möchte den einen oder anderen nochmals sehen, ihm vielleicht noch etwas Wichtiges mit auf den Weg geben. In dieser Phase seines Zugehens auf den Tod hat er wohl auch das Bedürfnis, mit einem Pfarrer zu sprechen und bestimmte Situationen seines Lebens aufzuarbeiten und sich von ihnen in dem Sinne zu distanzieren: Das ist geschehen, das muß in einem zukünftigen Leben aufgearbeitet werden.

Zu anderen Vorgängen seines Lebens kann er in diesen Stunden ein »Ja« finden, weil er einsieht, daß er, obwohl es schwer war und vielleicht sogar unbegreiflich, daran gelernt und Kraft gewonnen hat. Und zu dem »Ja« tritt sogar eine tiefe Dankbarkeit hinzu, daß er den Menschen, die ihm Leid verursacht haben, auch mit gutem Gewissen verzeihen kann. Wenn es gut geht mit diesem Aufarbeiten, dann rücken seine Gedanken der weisheitsvollen Führung seines Lebens näher und er versteht manches aus einer höheren Warte, und der Wille Gottes, der gnadevoll im eigenen Schicksal waltet, wird dankbar anerkannt. Diese Art von Beichte verleiht Seelenfrieden und Einklang des Herzens mit Gott und Mensch. Die noch vor ihnen liegende Lebenszeit möchten sehr viele Sterbende aktiv im Gebet und im Andenken an Christi Taten verbringen. Deshalb ist es gut, wenn man ihnen auch da die notwendige Hilfe zukommen läßt, indem man mit ihnen betet, mit ihnen das Abendmahl feiert oder das Evangelium vorliest, wenn sie selbst nicht mehr lesen können. Manchmal sind es auch Gedichte oder Lieder, die sie noch einmal hören möchten. Ganz besonders eignen sich für diese Zeit Gedichte von Christian Morgenstern aus »Wir fanden einen Pfad« oder Abschnitte aus seinen »Stufen«. Der Betreffende kennt aber vielleicht auch einen Dichter, zu dem er sich ganz besonders hingezogen fühlt.

Manche Menschen stellen die Frage: »Wie haben andere den Tod erlebt?« Da lassen sich sehr schöne Auszüge aus dem Buch von Wladimir Lindenberg »Über die Schwelle« lesen oder von Gerhard Klein die kurzen Geschichten aus »Beim Schicksal zu Gast«. Die Geschichten müssen kurz sein, denn für längere Lesungen reicht meist die Kraft nicht mehr.

Diese Hilfe und Aktivierung ist besonders wichtig, weil auch die Gefahr besteht, daß der Sterbende nicht in die Ergebenheit hineinwächst, sondern in die Resignation und durch diese in eine ohnmächtige Trauer verfällt. Das ist eine Unfähigkeit, das eigene Ego zu überwinden, und der Ausdruck einer großen Schwäche, die zu Selbstmitleid führt. Eigentlich gehört zu dieser Situation eine starke Ermutigung, eine Anrufung:»Komm, ermanne Dich! Nimm Deine ganze Kraft zusammen! Ergreife Dich in Deinem Ich!« Das kann man den wenigsten Menschen in dieser Zeit mit diesen Worten sagen, aber das, was man mit ihnen spricht, darf von dieser Stimmung getragen sein und im Untergrund der Rede mitschwingen. Im richtigen Eingehen auf den Sterbenden wird man schon den angemessenen Ton finden, und manchmal trifft er ihn selbst.

Von der Resignation muß man das Schlafbedürfnis, das über den dem Tod nahen Menschen kommt, unterscheiden. Dieses sollte man nicht stören. Das Gebet kann man dann, leise sprechend, in seinen Schlaf hineinbeten. Man kann auch das Evangelium mit langsamen Worten in seinen Schlaf hineinströmen lassen. Seine Seele, die schon außerhalb des Leibes ist, hört und sieht alles, was wir tun. Wollen wir ihm aber die »Heilige Ölung« zukommen lassen, so dürfen wir ihn noch einmal kräftig anrufen. Hierbei sei angemerkt, daß die Pflegenden und die Ärzte wissen sollten, wann das Sakrament gespendet wird. Sie können dann, falls Betäubungsmittel eingesetzt werden müssen, den Rhythmus der Verabreichung so einrichten, daß zur Zeit der Erteilung des Sakraments möglichst kein bewußtseinsdämpfendes Medikament wirksam ist. Man wird entdecken, daß der Patient während der Zeit, in der das Sakrament zelebriert wird, kaum oder gar keine Schmerzen verspürt, weil die inneren Kräfte von dem Sakrament ganz in Anspruch genommen sind. Pflegende und Ärzte möchten, wenn sie dem Sterbenden verbunden sind, wie die Angehörigen bei einer solchen Feier im allgemeinen gerne dabei sein.

Es soll auch nicht versäumt werden, auf die Arbeit von Kübler-Ross hinzuweisen, die in ihrem Buch »Interviews mit Sterbenden« ihre Lebenserfahrung preisgibt, daß der Sterbende eigentlich durch fünf Phasen des Sterbevorgangs geht:

1. Nichtwahrhabenwollen und Isolierung,
2. Zorn,
3. Verhandeln,
4. Depression,
5. Zustimmung.

Es ist sehr dankenswert, daß sie diesen Kanon der Schritte in den Tod in dieser Form dargestellt hat. Inzwischen wurde er vielfach von anderen Ärzten, Forschern, Pfarrern und Psychotherapeuten bestätigt. Der Sterbevorgang kann sich jedoch bei religiösen Persönlichkeiten sehr anders ausnehmen. Gerade die ersten vier der beschriebenen Phasen sind Ausdruck der Angst.

Von der Mühsal des Sterbens

Machen wir die Menschenkunde des Schlafes und des Todes zum Ausgangspunkt weiterer Betrachtung, so lassen sich viele Erscheinungen im Leben des alten und sterbenden Menschen erkennend durchdringen. Es ist natürlich, daß ein alter Mensch rasch müde wird. Seine Kräfte lassen nach. Er ist nicht mehr in demselben Maß gegenwartsbezogen wie ein junger Mensch. Er sitzt ruhig auf der Bank vor seinem Haus, hat »die Hände in den Schoß gelegt« und läßt das Leben mit seinem Getriebe an sich vorüberziehen. Eines Tages muß er sich hinlegen. Seine Seele kann schon in weiter Ferne weilen und muß erst gerufen werden, wenn sie gegenwärtig sein soll. Am Essen hat er wenig Interesse; er nimmt immer weniger zu sich. Der Durst hält noch etwas länger an, aber schließlich trinkt er auch nicht mehr von sich aus. Erst wenn man ihn ermahnt, erinnert sich seine Seele der Bedürftigkeit des Leibes. Eines Tages schließt er die Augen für immer.

Wenn der alte Mensch die Hände in den Schoß legt, ist sein Ich nicht mehr willens und nicht mehr in der Lage, durch den Körper handelnd in die Welt einzugreifen. Er ist dann auch nicht mehr über die Sinne an die Welt gebunden. Oft verhindert sogenannte Alterssichtigkeit, Schwerhörigkeit u. ä. die Verbindung mit der Welt. Wir haben immer einen doppelten Aspekt: Der Leib erlaubt dem Ich den Kontakt mit der Welt nicht mehr über die Sinne. Das Ich zieht sich langsam aus den Sinnen heraus.

Das Begehren ist geringer geworden. Hunger und Durst im weitesten Sinne richten sich nicht mehr durch den Leib auf die Welt. Sie lassen nach. Die Geschmackslust und die Lust an der Befriedigung der anderen Triebe haben so gut wie aufgehört. Das bedeutet: Die Seele lebt nicht mehr mit der ursprünglichen Stärke in den

Organen. Sie hat sich von dem Leib entfernt. Der Mensch regeneriert sich nicht mehr zur Genüge durch den Schlaf. Die Nahrungsstoffe können nicht mehr zu lebendiger Menschensubstanz verwandelt werden.

Überhaupt entfallen die Stoffe der tragenden Kraft des Lebens; nach innen entstehen Ablagerungen, sklerotisierende Prozesse, äußerlich wird schon eine Art Absterben des Leibes sichtbar. Kälte zieht allmählich immer mehr in den Organismus ein. Wachstumskräfte und Reproduktionskräfte haben schon lange zuvor abgenommen. Und nun lassen auch die Lebensvorgänge nach. An sie ist u. a. das Temperament des Menschen gebunden. Ein Mensch, der bis dahin ein ausgeprägtes Temperament besaß, wird ausgeglichen und ruhig. Das Herz verlangsamt seinen Schlag. Der Atemrhythmus dehnt sich, so daß manchmal nach dem Ausatmen eine bis zu Minuten lange Pause entstehen kann, ehe ein neuer Atemzug folgt. Die übrigen Funktionen des Körpers lassen deutlich erkennen, daß sie einem Vorgang anheimfallen, der dem Welken der Pflanze gleicht. In all diesen Bereichen hat sich das Leben, der Ätherleib, betätigt.

Aber gerade diese Phase des Alters hat noch eine andere Seite. Wenn im Tod der Ätherleib sich endgültig vom Körper löst, geht er dazu über, im Bewußtsein, d. h. in der Ich-begabten Seele, die Erinnerungen des ganzen Lebens aufblühen zu lassen. Der auf das Sterben zugehende Mensch, dessen Leben sich vom Leibe löst, lebt in Erinnerungen. Gerade die Erinnerungen an die Frühzeit seines Lebens treten vielfach am deutlichsten hervor, während das soeben Erlebte schnell vergessen ist. Eben Erzähltes wird alsbald wiederholt, und der Mensch meint, es noch nie gesagt zu haben. Das ist für die Jüngeren manchmal tragisch zu erleben, aber oft entbehrt es auch nicht einer humoristischen Note; und der alte Mensch kann bei einiger Souveränität diese humorvolle Seite sogar im Mitlachen begleiten. Daß er sich so gut an seine Frühzeit erinnern kann, hängt damit zusammen, daß sich die Eindrücke der Erlebnisse in die in der Kindheit plastischeren Lebenskräfte tiefer einbilden konnten, daß im mittleren Lebensalter das Ich tüchtig bei dieser Einbildung mitgewirkt hat. Jetzt ergreift das Ich weniger die Erlebnisse, und das Ergreifen des Wahrnehmungsinhalts und Einprägen in die Lebenskräfte, die nicht mehr so plastisch sind, hat an Intensität verloren. Wenn sich der Ätherleib löst, drängen diejenigen Bilder zuerst ins Bewußtsein, die am intensivsten aufgenommen worden sind.

Bei einem plötzlichen, schockartigen und weitgehenden Herauslösen dieser Kräfte kann für Sekunden die gesamte Fülle der Erinnerung dem Menschen in zeitloser »Geschwindigkeit« ins Bewußtsein treten, und er kann nach einer Wiederbelebung die Erinnerung an die Erinnerung sogar bewahren. Viele Beispiele dafür hat der Arzt Friedrich Husemann in seinem Buch »Vom Bild und Sinn des Todes« geschildert, längst bevor durch das Buch von Moody »Nachgedanken über das Leben nach dem Tod« auch andere Menschen Mut gefunden haben, weithin darüber zu berichten, ja sogar dieses Phänomen zu einem Zweig wissenschaftlicher Forschungsarbeit (wie an der Hamburger Universität) zu machen.

Solche Erinnerungen tauchen bei allen alten Menschen auf. Wir dürfen sie deshalb nicht als kindisch bezeichnen, nur weil sie Erinnerungen an ihre Kindheit haben. Man muß wissen, was da geschieht. Und alle, die den alten Menschen bis zum Ende seines Erdenweges begleiten, können dem Sterbenden einen guten Dienst erweisen, wenn sie zuhören und auf das Erinnerte eingehen. Sie können ihm aber einen noch besseren Dienst erweisen, wenn sie erkennen, daß sich in dieser Frühzeit des Lebens Knoten gebildet haben, Traumata eingetreten sind, die die kindliche oder jugendliche Seele tief verwundet haben und die jetzt für den Sterbenden eine Behinderung im Zugehen auf den Tod sind. In diesem Fall braucht er einen Seelsorger. Man sollte dem Sterbenden in aller Behutsamkeit und Liebe deutlich machen: Hier ist noch etwas aufzuarbeiten.

In vielen Fällen bricht plötzlich aus den alten Menschen eine Flut von Erinnerungen hervor, die kaum aufgehalten werden kann. Die aktive Beteiligung des Zuhörenden kann zu einer inneren Erlösung des Menschen führen, und sein Sterben kann eine ganz andere Richtung nehmen, bis dahin, daß er für einige Zeit noch einmal wieder lebenskräftiger wird und plötzlich und ganz unerwartet schnell und leicht stirbt. Es ist aber noch bedeutsamer, wenn es gelingt, diese Lebenstatsachen denkend miteinander aufzuarbeiten, so daß auch noch eine Versöhnung mit dem Schicksal eintreten kann. Im ersten Fall haben wir es manchmal nur mit dem Abwerfen einer Last zu tun. Im zweiten Fall wird das Verarbeitete im Sterben zum Besitz des ewigen Wesens. Mit solcher beginnenden Lebenserinnerung haben wir es also mit einem Sichherauslösen der Lebenskräfte aus dem Körper zu tun. Die körperlich auffällige Seite davon ist das Nachlassen der Organe in ihren Lebensfunktionen.

Bei manchen alten Menschen steigert sich das Erinnerungsleben. Unter Umständen fühlen sie sich völlig einbezogen in das Leben ihrer Jugend und Kindheit und »agieren« nochmals in den jeweiligen Ereignissen ihres Schicksals. Empörung über die Tat eines anderen tritt hervor: »Nun laß' ihn doch los«, sagen sie plötzlich. Eine starke seelische Beteiligung an ihrem Erinnerungsleben äußert sich und läßt dann auf eine intensivere Verbindung der Seele mit dem Lebenskräfteleib und auf ein starkes Interesse schließen, das noch diesseits gerichtet ist. Da bemerkt man, daß sich eine starke Seele gar nicht so schnell von dem Leben auf der Erde lösen kann, wie der Körper und die Lebenskräfte es haben vermuten lassen. Bei solchen Menschen hat man es oft mit einem schweren Lösungsvorgang im Sterben zu tun. Wir sagen dann: »Der Mensch kann nicht loslassen.« Das hängt aber damit zusammen, daß die starke Seele sich nur langsam daran gewöhnen kann, daß ihr Leben und ihr Körper nicht mehr das hergeben, was sie ihnen gerne abverlangen möchte. Es treten dann in den Tagen vor dem Tod oft auch noch Begehrungen auf, die erstaunen lassen. Eßgier zum Beispiel, die ganz elementar verlangt, aber erlischt, wenn bemerkt wird, daß der Körper mit dem Aufgenommenen nicht fertig wird und sich dessen durch Brechreiz entledigen möchte oder sich durch Abwehrempfindungen vor neuer Nahrungsaufnahme schützt. Das gerade erst verlangte Brötchen bleibt angebissen liegen, oder die köstliche Suppe bleibt stehen.

Die Erinnerung kann sich auch noch in einer anderen Weise verdichten, indem das Ich sich intensiv daran beteiligt. Das Ich ist ja das eigentliche Geistwesen des Menschen, und es ist von derselben Qualität wie andere Geistwesen. Zu ihnen gehören in erster Linie diejenigen Geistwesen, die schicksalhaft mit dem Menschen verbunden waren. Wenn nun das Ich die Erinnerung nicht nur wie ein Zuschauer erlebt, sondern sich noch aktiv daran beteiligt, dann können in die Bilder der Erinnerung wie von der anderen Seite die Wesen der Verstorbenen eintreten und im Erinnerungsbewußtsein anfangen, dem Sterbenden zu begegnen. Er begrüßt seine Mutter, er wiegt sein früh verlorenes Kind und spricht mit ihm, und dieses Sprechen hat etwas sehr Ergreifendes. Oft lebt darin auch Offenbarung, die für die Hinterbliebenen von großer Bedeutung sein kann. So konnte Emanuel Swedenborg einen solchen Zustand während seines Lebens herstellen. Die Verstorbenen sprachen zu ihm und gaben ihm Weisungen, wie bestimmte Probleme im Erdenleben zu lösen seien. Vor diesen Ereignissen kann man mit kritischem Bewußtsein stehen, und gerade bei Sterbenden muß man das auch. Es können sich natürlich auch wilde Phantasien und Halluzinationen einstellen, vor allem bei solchen Menschen, deren Seele schon im Leben zu allen möglichen Phantasien neigte, deren Erinnerung immer schon von der eigenen Phantasie überdeckt wurde. Das sind Menschen, die ihrer Kindheit nie richtig entwachsen sind und denen das kindlich Berechtigte fatalerweise noch im Alter anhängt.

Gerade bei frommen Menschen tritt auch die Möglichkeit auf, in der Erinnerung das im keuschen Gebet der Jugend oder auch des späteren Lebens angeknüpfte Verhältnis zu den Wesen der geistig-göttlichen Welt, zu den Engeln und zu Christus so wesenhaft zu erfüllen, daß sie ihm jetzt entgegentreten, mit ihm sprechen und ihn »hören«. Bei früh wieder aus dem Erdenleben scheidenden Kindern erlebt man es oft, daß sie ihrem Engel begegnen und dann von dessen Kunde berichten, daß sie noch eine kurze

Zeit auf der Erde weilen sollen, dann aber in eine Welt kommen dürfen, nach der sie sich sehnen. Ein solches Erlebnis ist dem Autor erst in jüngster Zeit wieder zu Ohren gekommen. Es haben diese Berichte einen so tiefen Wahrheitscharakter, daß man sie ohne weiteres von allen Phantasien unterscheiden kann, wenn man sich auch nur ein wenig auf diese Seite des Lebens eingelassen hat.

Zahlreichen Büchern kann man heute derartige letzte Zeugnisse und Offenbarungen von Sterbenden entnehmen, so daß es wohl erlaubt sein mag, hier auf weitere Darstellungen zu verzichten. Es kam hier ja darauf an, von dem Wirken der verschiedenen Glieder des menschlichen Wesens zu berichten. In dem Augenblick, in dem sich die Erinnerungen wahrhaft personifizieren, ist das Ich als geistiges Wesen an diesen Erinnerungen unmittelbar beteiligt.

Nach dem Tod

Wenn der Mensch seinen letzten Atemzug getan hat, ist es wohl richtig, ihm auch die letzte körperliche Versorgung zukommen zu lassen. Vorher müssen wir uns aber des Augenblicks ganz bewußt werden. Der Mensch, sofern er als Geist und Seele in diesem Leib lebensvoll anwesend war, hat seinen Leib losgelassen. Dieser hat in Not und Freude, in Schmerz wie auch im Vollgefühl seiner Kraftentfaltung gedient. Nun ist dieses kostbarste aller Instrumente unbrauchbar abgelegt und kann von keinem Geist wieder ergriffen werden.

Einen Moment lang wenigstens sollte uns bewußt sein, wie wunderbar ein solcher Leib ist und wie dankbar wir sein dürfen, daß er einen Menschen getragen hat, der auch unser Leben – in welcher Form auch immer – bereichert hat. Und man tut gut, die Hände zu falten und ein Gebet zu sprechen, zumindest ein Amen zu sagen oder auch nur zu empfinden. Der Abschluß einer Epoche ist erreicht. Niemals mehr kann dieses Auge glänzen und Innerlichkeit zeigen, niemals mehr kann dieser Mund sprechen und die Wärme dieser Hand Liebe bekunden. Aber sie konnten es. So weise ist ein Leib gebaut, daß er intimste Seelenregungen zur Offenbarung bringen kann. Wie grob sind wir oft während des Lebens!

Jetzt ist es nötig, erste Handgriffe zu tun. Die Augen müssen dem Toten geschlossen werden. Der Freund, die Angehörigen haben es besonders schwer, in ein gebrochenes Auge zu sehen. Auch wenn das Lid nur einen kleinen Spalt geöffnet ist, sind sie irritiert. Am besten legt man einen warmen, feuchten Wattebausch auf die Augen. Er muß ein wenig schwer sein. Aber vorher muß das Lid ganz geschlossen werden.

Sodann sollte man dem Verstorbenen das Kinn hochbinden. Allzu leicht geht der Mund wieder auf, wenn die Kälte in den

Leichnam einzieht. Jetzt darf man auch einen Augenblick lang unsentimental und ohne Scheu kräftig zufassen, denn der Körper hat keine Empfindung mehr. Die Binde (es geht auch – aber weniger gut – ein Tuch) muß ganz stramm sitzen. Das erfordert Kraft, und nach Möglichkeit sollte man es jemanden machen lassen, der darin Übung hat. Aber dieser Helfer darf nicht zu spät kommen. Es ist wichtig, daß der Leichnam jetzt auch gewaschen wird. Das war früher eine Selbstverständlichkeit. Bis vor kurzer Zeit gab es Menschen, die ein ganz besonderes Verhältnis zu den Sterbenden und Verstorbenen ihrer Umgebung hatten. Das waren diejenigen, die das Waschen der Toten besorgten. Das erfolgte aus einer tief empfundenen Verpflichtung gegenüber dem Menschen, vergleichbar dem, daß man im Vorderen Orient einen Leichnam balsamierte. Die Angehörigen dürfen währenddessen ruhig einen Augenblick vor die Tür gehen. Umso ehrfürchtiger werden sie den Raum wieder betreten, wenn sie alles schön und gut hergerichtet finden. Wir sollten aus einem Wissen um die Prozesse, die nach dem Tod stattfinden, verhindern, daß chemische Sprays und verwesungsverhindernde Deodorants eingesetzt werden.

Die warme Bettdecke sollte dem Verstorbenen jetzt genommen und ein frisches Leinentuch über ihn gedeckt werden. Die Sonne sollte nicht in das Zimmer dringen. Im Zimmer muß Ordnung herrschen. Hat man ein paar Blumen, ein oder zwei Kerzen und kann womöglich das Bild des Christus aufstellen, so hilft man den Angehörigen und Freunden, die hohe Bedeutung der jetzt kommenden Stunden in der richtigen Weise zu erleben.

Es ist schön, wenn man den Verstorbenen für einige Stunden an der Stätte belassen kann, an der er seinen Körper verlassen hat. Seine Seele ist zwar nicht mehr im Körper, aber in der gewohnten Umgebung gegenwärtig. Dieser Raum kann der Seele eine letzte Stütze sein, wenn sie sich nun einer ganz neuen Umgebung, der geistigen Welt, zuwenden muß. Sie ist zunächst in diesem so andersartigen Daseinsbereich unsicher, aber immer stärker und immer mächtiger wird sie von dieser Welt und ihren schöpferischen Kräften ergriffen und durchdrungen. Von dieser Seelenwandlung können wir, die Lebenden, in unserem Fühlen etwas aufnehmen und mitempfinden, auch wenn es uns nicht ganz bewußt wird. Dazu müssen wir uns empfänglich und bereit machen. Auch wir können dabei eine Verwandlung durchmachen und durch solche Augen-Blicke fähig werden, die Gegenwart des Geistes im Bewußtsein zu erleben.

Nur solche Menschen, die aus Trotz gegen alle Seelenregungen meinen, absolute und kalte Sachlichkeit im intellektuellen Konstatieren des Todes bewahren zu müssen, bemerken von dieser eigenen Wandlung nichts. In ihrer Art sind sie damit womöglich taktlos gegenüber den anderen, die diesen Augenblick als einen im Leben ausgesparten Zeitraum empfinden, der ihre Seele ein wenig frömmer macht und zu höheren Gedanken und Empfindungen steigert. Oft kann sich gerade in dieser Stunde ein intimes »Zwiegespräch« mit dem Verstorbenen anbahnen, das man vielleicht das ganze Leben lang nicht führen konnte. Man erinnert sich an alles, was einem durch den anderen zuteil geworden ist, was einem ohne diesen einmaligen Menschen so nicht entgegengetreten wäre. Man ist dankbar und kann das ganz ruhig in den Seelenraum des anderen hineinsagen. Man hat ihm wohl auch Ungutes zugefügt, was ihm Schmerz bereitet hat; man bittet um Vergebung. Und vielleicht bemerkt man sogar, wie diese beiden Stimmungen auch aus der Seele des Verstorbenen aufquellen und wie gerade in dieser Stunde manches, was schwer auf der Seele lastet, entweicht, sich klärt, einer Erlösung zustrebt. Es tritt damit eine Wende in der Beziehung des Lebenden zum Verstorbenen ein.

Wie geht es weiter? War der Pfarrer in dieser Stunde nicht da, so muß er jetzt benachrichtigt werden, denn er soll nun für die Gemeinschaft derer, die sich für den Toten verantwortlich fühlen, die Führung übernehmen, weil er die einzelnen Schritte, die Seele und Geist des Verstorbenen gehen, mit den Mitteln, die ihm die höhere Welt an die Hand gegeben hat, begleitend lenken soll. Das weitere praktische Geschehen muß sich diesem Vorgang unterordnen. Eigentlich sollte das gar nicht betont werden müssen. Weil aber die Dinge, die für das geistig-seelische Leben nötig sind, vor lauter Geschäftigkeit heute oft in Vergessenheit geraten und wichtige Abläufe dadurch verhindert oder gestört werden, sei es angeführt.

Der Bestattungsunternehmer muß kommen. Die Einsargung muß vorgenommen werden. Die Angehörigen werden nach ihren Wünschen und Vorstellungen gefragt. Obenan steht die Frage nach der Art der Bestattung. Wir sollten auf jeden Fall darauf achten, daß Angehörige, Freunde, die Gemeinde, die Mitarbeiter während des beruflichen Lebens, kurz alle, die schicksalsmäßig zu ihm gehören, dabei sein können, wenn wir dem Verstorbenen mit der Bestattungsfeier das Geleit geben, denn gerade das kann sich für seine Seele und die ihm Verbundenen außerordentlich bedeutsam auswirken. Eine See-Bestattung ist aus diesem Grund problematisch, aber – vor allem für auf See Gestorbene – auch nicht generell zu verneinen. Sachlich richtig ist unter normalen Umständen immer die Wahl zwischen Erd- und Feuerbestattung. Für beide kann es Gesichtspunkte geben, die vorher überlegt und abgestimmt sein sollten.

Es kommt dann zur Frage, wie soll der Verstorbene bekleidet sein? Gut ist es, wenn man – wie es früher selbstverständlich war – ein Totenhemd bereitliegen hat. Man sollte darauf achten, daß *keine* Kunstfaser, weder für die Bekleidung noch für die Sargeinlage, die Decke oder das Kissen, verwendet wird. Mit Rücksicht auf die Verwesung oder die Verbrennung ist das von großer Bedeutung.

Schließlich muß auch an den Sargschmuck und die Musik zur Trauerfeier gedacht werden. Blumen sprechen in Farbe und Form immer von seelischen Eigenschaften. Sie können so gut Ausdruck sein für das, was der Verstorbene in seiner Seele trug. Blumen kann man auf die Sargdecke legen oder neben den Sarg stellen. Sie sollten nicht im Wasser stehen – das ist eine Angabe von Rudolf Steiner für die Mitarbeiter der Ita-Wegmann-Klinik in Arlesheim bei Basel. Das besagt wohl, daß die aus den Pflanzen weichenden Lebenskräfte die Lösung der Lebenskräfte des Verstorbenen fördern sollen.

Man sollte alle diese Vorgänge niemals pompös und übertrieben gestalten. Manche Menschen haben das Bedürfnis, ihr nicht hinreichendes Verhältnis zu dem Verstorbenen oder ihre eigene Bedeutung mit großen Kränzen oder Gebinden zum Ausdruck zu bringen. Zur Vermeidung solcher Situationen ist es angebracht, in der Traueranzeige zu vermerken, lieber im Namen des Verstorbenen ein gutes Werk zu tun, indem man bittet, eine soziale Einrichtung mit einer Spende zu bedenken. Schlichtheit und Schönheit sind die Maßstäbe für eine Bestattung. Die Musik sollte unbedingt mit dem Pfarrer abgestimmt werden. Sie muß zu dem Verstorbenen, aber auch und vor allem zu den Worten des Bestattungsrituals passen, und diese haben etwas so Objektives an sich, daß sie immer den Bezug zur höheren Welt und damit den Verstorbenen haben. Die Musik sollte dem nicht widersprechen.

Wenn diese Fragen geklärt sind, sollte die Aufbahrung erfolgen. Ist sie im Sterbehaus möglich, ist das die beste Lösung. Wo das nicht geht, muß eine andere Möglichkeit der Aufbahrung gesucht werden, entweder in der Friedhofskapelle bzw. im Krematorium, wo aber vieles von dem, was nun beschrieben werden soll, nicht möglich sein wird. Die Aufbahrung in einem Aufbahrungsraum der Gemeinde schafft eine besondere Würde und eine große heilige Objektivität.

Um den Verstorbenen sollten außer Blumen Kerzen stehen. Kerzen machen uns auf ein anderes Licht aufmerksam, das jetzt dem Verstorbenen leuchtet und ihn durchdringt. Diejenigen, die schon einmal dem Tod begegnet und aus der anderen Welt wieder zurückgekommen sind, erzählen von der unvergleichlichen Stimmung des jenseitigen Lichtes, das sie im Sinnesleben auf Erden nie haben wahrnehmen können.

Während dieser Zeit der Aufbahrung kann man dem Verstorbenen vorlesen, und zwar aus Schriften, die vom Geist zeugen und die der Tote kennt. Wenn er mit dem Evangelium vertraut ist, sollte man dieses heranziehen.

Der Verstorbene lebt jetzt in der Erinnerung an sein Leben, und wir verstärken diese Erinnerung, wenn wir sie mit unseren eigenen

Erinnerungen begleiten. Mit dieser stillen Begleitung kann man die erwähnte Zwiesprache fortsetzen. Zudem kann man auch eine ganz große Belehrung erfahren: Oft haben die Sterbenden mit Schmerzen gerungen und ihr Gesicht hat sich bis zur Unkenntlichkeit verändert, oder ein Schlaganfall hat durch Lähmung das Gesicht unkenntlich gemacht. In den drei Tagen zwischen dem Tod und dem ersten Teil der Bestattung, der Aussegnung, wie man auch sagt, verändert sich das Gesicht. Es ist, als ob eine unsichtbare Hand an dem Gesicht bildete. In Wirklichkeit sind es die über den Kopf austretenden Lebenskräfte, die – das Siegel des ewigen Teils des Menschen in sich tragend – das Antlitz nach dem Vorbild dieses Siegels gestalten. Oft liegt eine große Erhabenheit auf dem Totenantlitz.

Manch einer sagt:»Ich will das nicht sehen. Ich will ihn mir bewahren in meiner Erinnerung, wie er im Leben war.« In den meisten Fällen ist das schade, denn im Tod sieht der Mensch oft viel schöner aus als in seiner letzten Lebenszeit. Kommt diese Verwandlung einmal nicht zustande, so ist entweder die Ablösung sehr schnell vor sich gegangen – das tritt besonders dann ein, wenn der betreffende Mensch während des Sterbens schon mit seinem Bewußtsein sehr weit vom Leib entfernt und der Körper schon stark von den Todesprozessen ergriffen war – oder der Sterbende stand unter der Wirkung starker Schmerzmittel oder anderer chemischer Medikamente, und diese wirken noch nach. Es ist eine besondere Erforschung dieser Tatsachen nötig, will man ihre Bedeutung in vollem Umfang ermessen.

Laufen die Vorgänge richtig ab, so machen viele Menschen heute schon die wichtigsten Erfahrungen von der übersinnlichen Wesenheit des Menschen.»Wenn ich hier bete, klingt mein Wort ganz anders. Es ist, als wenn mir der Verstorbene mein Gebet zurückgibt und das Wort in sich verstärkt.« Das ist so! Der Lebenskräfteorganismus, der den Leichnam umgibt und zum Teil noch die Peripherie durchdringt – es wachsen ja noch die Haare und Nägel, auch die Haut vegetiert noch –, erfüllt den Raum und trägt das Wort. Man ahnt in solchen Augenblicken, was es heißt, wenn in der heiligen Handlung gesprochen wird: »... meinen Lippen lasse Du entströmen das durch Dich gereinigte Wort...« Ein anderer Mensch berichtet: »Ich habe manchmal den Eindruck, als bewegte sich das Gesicht noch.« Ja, es bewegt sich, aber nicht als Mimik, sondern aus der Region des Gesichts, vor allem der Augen, löst sich die Lebenskraft. Sie ist so intensiv, so dicht an dieser Stelle, daß wir sie mit Augen wahrnehmen können. Es ist eine besondere Gnade, dies bewußt zu erleben, denn man erfährt damit etwas von jener Kraft, die den Auferstandenen für Augen sichtbar machte. Es ist die Vorübung auf eine zukünftige Fähigkeit.

Die Zeit der Aufbahrung endet nach drei Tagen. Dann lassen auch all die Erscheinungen nach – manchmal schon zuvor –, die man während dieser ausgesparten Zeit beobachten konnte und auf uns einen so tief verwandelnden Eindruck machen können. Aus einer solchen Zeit kann man geistig gestärkt und erfüllt hervorgehen. Alles Schmerzliche des Verlusts kann von diesem Erleben einer neuartigen, andersartigen Gegenwart zu einem höheren Gefühl und einem geistbewußten Empfinden erhoben werden. Man muß nur vorurteilslos, unvoreingenommen, offen, mutig und ohne Angst in das Geschehen dieser Tage eintreten.

Feier der Bestattung

Das letzte, was am offenen Sarg geschieht, ist die sogenannte Aussegnung, der erste Teil der Bestattung. Ist die Verwesung sehr schnell vorangeschritten, so muß der Sarg bereits vor der Aussegnung geschlossen werden. Die Seele des Verstorbenen ist nun von ihren eigenen Lebenskräften erfüllt und befindet sich in der Erinnerung an ihre Erdenzeit. Jetzt wird sie aus Raum und Zeit hinübergeleitet in die »Ruhe des Seelenseins«, in »das Licht der Geistwelt«. Der Erdenabschied wird endgültig.

Dann folgt der zweite Teil der Bestattung im Krematorium oder am Grab. Der Erde wird zurückgegeben, was von ihr genommen und in die Gestalt des Leibes aufgenommen worden ist. Dieses wird gesegnet, damit es der Erde ein Segen sei und keine Beschwernis in ihrem eigenen Werden. Ist alles richtig vor sich gegangen, so hat sich der Mensch in seinem Leib durch Brot und Wein, Leib und Blut Christi, oft mit den ewigen Wandlungskräften verbunden. Sie erfüllen jetzt wie eine heilige Sphäre den Erdenstoff des Menschenleibes. Und diese von Christus durchdrungene Leiblichkeit leuchtet im Lichte der Auferstehung. Als solche wird sie der Erde zurückgegeben.

Die Seele soll durch des Christus Kraft in ihr – »Ich bin die Auferstehung und das Leben«, »Ich bin die Wiedergeburt im Tode«, »Ich bin das Leben im Sterben« – nun ihre Wiedergeburt erfahren. Diese Christus-Kraft wird mächtig wachgerufen in der Seele, die nun schon mindestens drei Tage in der anderen Welt weilt. (Man sollte sehr darauf achten, daß die Zeit bis zum Vollzug der Bestattung nicht zu weit hinausgeschoben wird, wie es in den Großstädten oft der Fall ist.)

Der Bestattungsfeier entspricht gleich einem Spiegel ein Geschehen in der göttlich-geistigen Welt, in der Heimat der Seelen.

Rudolf Steiner beschreibt aus unmittelbarer geistiger Anschauung: Wir halten einen Abschiedskultus; die Seelen versammeln sich dazu auf Erden um den Sarg. Und ebenso versammeln sich die himmlischen Wesen und halten einen Empfangskultus für den, der jetzt in ihre Mitte genommen werden soll. Wer dieses Bild im Innern nachvollziehen kann, ermißt die Größe dieses Geschehens. Himmel und Erde reichen sich die Hand im Bemühen um die Seele des Verstorbenen. Welch eine Hilfe wird uns zuteil, wenn wir dieses Geschehen im Vollzug des Rituals in uns tragen dürfen!

Das Lebensbild des Verstorbenen wird noch einmal vor uns aufgerichtet. Wir machen uns vor allem seine tiefsten Lebensantriebe bewußt, auch wenn sie sich nur zaghaft oder verzerrt haben auswirken können. Gerade diese Gedanken führen die Seele, die sich ja auch zu einem guten Teil verloren haben kann, zu sich selbst zurück. Verstorbene und Engel schauen das mit uns an und sind voller Freude über den Reichtum an Keimkräften, die diese Seele zum Fortgang der Welt in die Sphäre des Geistes hinaufträgt.

In der Mitte steht der Sarg, er birgt den Leichnam – ein Bild für die Erde, die den Körper des Menschen wieder in sich aufnimmt. Der Sarg ist mit blühenden Blumen geschmückt. Sie verhüllen nicht nur das Schreckliche des Todes, seine Nacktheit, sondern sprechen von einem Geschehen. Wie sie erblüht sind, so erblüht dem Verstorbenen eine Erinnerung nach der anderen, bis alles, was er erlebt hat, erinnert wurde. Dann welkt jene Lebenssphäre, die zugleich eine Erinnerungssphäre ist, so wie die Blumen über dem Sarg. Das Leben des Menschen trennt sich von seinem Bewußtsein, dem es in den drei Tagen nach dem Tod das Widerlager des Selbsterlebens war.

Um den Sarg stehen Kerzen. Nicht, um eine Stimmung zu erzeugen, sondern um uns daran zu erinnern, daß die Seele jetzt in das Licht der Wahrheit eintritt; »in das Licht der Geisteswelt« tritt der Geist des lieben Verstorbenen. Dort sieht dieser Geist im Lichte der Wahrheit, was sein Leben im Ganzen der Menschheit bedeutet, für die Zukunft der Erde, für die Entwicklung himmlischer Welten. Manches wird uns schmerzen, manches wird uns erstaunen; der Trost des Geistes ist uns in diesen Wahrheitswelten gewiß.

Während der Bestattungsfeier erklingt Musik. Musik ist, wenn sie wirklich Musik ist, eine Kunst, die mit irdischen Verhältnissen wenig zu tun hat. Durch sie ragt ein Geistiges unmittelbar in das Erdenleben, und dieses Geistige ist ein Gleichnis jener Welt, die eine alte Zeit die »Harmonie der Sphären« nannte. Noch Kepler hat davon gesprochen, indem er die die Sonne umkreisenden Bahnen der Planeten in ihrer mathematisch faßbaren Harmonie schilderte und diese Harmonie zugleich als einen Ausdruck des ihnen innewohnenden göttlichen Schöpfergeistes betrachtete. Geistessphären schaute er in der von Gott dem Weltall eingehauchten Weisheit, Geistessphären, denen wir uns mit Verstand und Vernunft als Forschende und Betrachtende nähern dürfen, denen wir jedoch mit unserer ganzen Existenz einverwoben sind. Kepler beschreibt sie in seiner »Weltharmonik« als eine Harmonie, in die wir einschwingen können, die wir in irdischen Verhältnissen abbilden können, aus denen wir aber auch herausfallen können. In diese Harmonie muß unsere Seele nach dem Tod wieder einschwingen. Obwohl in Bewegung, findet sie hier »die Ruhe des Seelenseins«, in der sie ihre disharmonisch gewordenen Kräfte erneuert und befriedet.

Schließlich ertönt aus dem Mund des Priesters das Christus-Wort. Er läßt aus Erdensprache ewige Schöpferkraft des Weltenwortes in die Geistwelt hinauf dringen, damit die Seele, von Schöpferkraft ergriffen, in den Ursprung der Schöpfung aufsteigen kann, in die Welt des Vaters. Diese Durchdringung ist auch so zu verstehen, daß sie den Menschen an die Kraft, an die Wesenheit anschließt, die immer auf dem Weg zur Erde ist, auch wenn sie sich immer wieder zum Vater erhebt. Die im Leben gewonnenen Kräfte, die veranlagten Keime sollen sich mächtig entfalten in der Geistessonne des Christuswesens und sich an ihn zur Verwandlung der Erde anschließen.

»Wir sind auf einer Mission,
zur Bildung der Erde sind wir berufen.«

Dieses Wort des Dichters Novalis weist über das Erdenleben eines
Menschen hinaus. Es wird in einem erweiterten Sinne wahr und
wirklich, wenn wir das Schöpferwort, den Logos, in die Seele des
Menschen hineinbeten, kultisch verstärkt durch die Gemeinschaft
des Christus.

Dieses Bild – Sarg, Blumen, Licht, Musik, Wort – ist wirksam,
vor allem dann, wenn wir uns seine einfache Erhabenheit bewußt
machen. In vielen Seelen wird dieses Bild auch ohne Bewußtsein
wirksam. Alle Menschen können verstehen, worauf wir mit unserem kultischen Handeln zielen. Wir müssen eigentlich dankbar
sein, daß unsere europäische Kultur dieses Bild von der Welt nach
dem Tod hervorgebracht hat. Es kann uns sehr weit helfen, auch in
der Erinnerung an den Verstorbenen.

Gibt man sich nach Abschluß der Bestattung die Hand, kann
man daran denken, daß ein solcher Händedruck Verständnis für
den Verlust, Beileid, Mitleid ausdrücken soll, denn durch diesen
Schmerz müssen wir alle hindurch, so lange unsere Seelen nicht
genügend geistoffen sind. Aber ein solcher Händedruck kann
auch ausdrücken: Wir wollen unsere Gemeinsamkeit im Sinne des
Toten bekräftigen; wir wollen ihn in unserer Gemeinsamkeit immer anwesend sein lassen. Eine gemeinsame Mahlzeit nach der
Bestattungsfeier hat den gleichen Sinn. Heute ist sie vielfach sehr
profan. Über den Gräbern, im Andenken an die Toten, feierte
man früher das Abendmahl. Wenn man eine Mahlzeit nach der
Bestattung einnimmt, sollte man die Gespräche möglichst so führen, daß der Verstorbene ein Interesse daran haben kann. Das
geschieht besonders dann, wenn man von dem spricht, was er
konnte, was er vollbracht hat und wie es gemeint war, auch wenn
einmal etwas danebengeraten ist. – »De mortuis nihil nise bene« –
»Über die Verstorbenen spricht man nichts, es sei denn Gutes.«

Aber es soll auch das Feiern des heiligen Mahles stattfinden, das
Sich-Begegnen in der »Agape«, in der höchsten Liebe, die Chri-

stus uns schenkt. Deshalb treffen wir uns zur Feier des Mahles von Brot und Wein am Samstag nach der Bestattung und halten die Totenweihehandlung,um damit die Substanz in unseren Herzen zu gründen, in der wir als Gemeinde der auf Erden Hinterbliebenen mit der Gemeinschaft der Verstorbenen auf ewig verbunden sein können. Dabei beschreiten wir in unseren Gedanken, in unserem Beten im kleinen den Weg, den der Tote in der Zeit zwischen dem Tod und seiner neuen Geburt im großen Weltzusammenhang gehen wird. Die Menschenweihehandlung ist – so betrachtet – ein Abbild der nachtodlichen Welt, durch die wir den Verstorbenen begleiten. In der Liebe Christi ist dieser Weg ewige Gegenwart. Gemeinsam in dieser Substanz der Liebe lebend, inspirieren die Toten uns, stärken wir die Toten. Unser Gebet, unsere Fürbitte, die in Gemeinsamkeit vollbrachte Menschenweihehandlung, das ist die Sphäre der Begegnung von Lebenden und Toten.

Literaturhinweise

Amery, Jean: Hand an sich legen, Diskurs über den Freitod, Stuttgart 1983

Brater, Michael und Günter Kaul: Altenpflege, Ansätze zu einem neuen Pflege-konzept auf der Grundlage einer Altersmenschenkunde, Stuttgart 1987

Fintelmann, Volker: Alter und Alterskrankheiten. Von der Kunst, alt zu werden, Stuttgart 1988

Gaumnitz, Gisela: Vom Alt-Werden. Eine Materialsammlung aus der Rudolf-Stei-ner-Gesamtausgabe, Basel 1987

Glas, Norbert: Lichtvolles Alter, Stuttgart [4]1982

Husemann, Friedrich: Vom Bild und Sinn des Todes, Stuttgart [4]1979

Klein, Gerhard: Beim Schicksal zu Gast. Erzählungen, Stuttgart [2]1986

Kübler-Ross, Elisabeth: Interviews mit Sterbenden, Stuttgart–Berlin [12]1980

Lievegoed, Bernardus: Lebenskrisen – Lebenschancen. Die Entwicklung des Menschen zwischen Kindheit und Alter, Frankfurt [4]1985

Linden, Wilhelm zur: Blick durchs Prisma. Lebensbild eines Arztes, Frankfurt [4]1979

Lindenberg, Wladimir: Über die Schwelle, München–Basel [9]1985

Moody, Raymond A.: Nachgedanken über das Leben nach dem Tod, Reinbek 1978

Schettler, Gotthard: Alterskrankheiten, Stuttgart [2]1972

Steiner, Rudolf: Die Geheimwissenschaft im Umriß (GA 13)

Steiner, Rudolf: Theosophie. Einführung in übersinnliche Welterkenntnis und Menschenbestimmung (GA 9)

KLAUS RASCHEN
Der Schlaf
Eine pastoralmedizinische Studie

168 Seiten, kartoniert

Das weitverbreitete Leiden an Schlafstörungen, die Ausweglosigkeit aus dem Kreis von schlechtem Schlaf über ein getrübtes Tagesbewußtsein und die erneut durchwachte Nacht und die Ratlosigkeit im Umgang mit Schlafmitteln läßt die Frage nach der Konstitution des Menschen in Wachen und Schlafen brennend werden. Eine sinnvolle Betrachtung muß über die bewußtseinsgetragenen Abläufe des Tages auch die in der Nacht unterbrochene Kontinuität und den Verbleib der dann abwesenden Wesensglieder einbeziehen. Die Beobachtung des Zusammenwirkens sinnlicher und übersinnlicher Bereiche in der menschlichen Organisation läßt ein Licht auf die notwendig rhythmische Regeneration, auf die Verwandlungs- und Erneuerungskraft von Bewußtsein und Vergessen im Wechsel, auf die Welt der Träume und die Bedeutung des religiösen Lebens fallen, das der Bewahrung der im Schlaf gemachten übersinnlichen Erfahrungen dient.

ALFRED SCHÜTZE
Vom Sinn des Schicksals
7. Auflage, 100 Seiten, kartoniert

VOLKER FINTELMANN
Alter und Alterskrankheiten
Von der Kunst alt zu werden

124 Seiten, kartoniert

MICHAEL BRATER, GÜNTER KAUL
Altenpflege
Ansätze zu einem neuen Pflegekonzept auf der Grundlage einer Altersmenschenkunde

128 Seiten, kartoniert

VERLAG URACHHAUS STUTTGART